나혼자 끝내는

독학 스페인어

첫걸음 한 걸음 더

나혼자 끝내는 독학 스페인어 첫걸음 한 걸음 더

지은이 임창희
펴낸이 임상진
펴낸곳 (주)넥서스

초판 1쇄 발행 2023년 2월 1일
초판 4쇄 발행 2024년 8월 20일

출판신고 1992년 4월 3일 제311-2002-2호
주소 10880 경기도 파주시 지목로 5
전화 (02)330-5500 팩스 (02)330-5555

ISBN 979-11-6683-469-1 13770

www.nexusbook.com

나혼자 끝내는
독학 스페인어
첫걸음 한 걸음 더

임창희 지음

넥서스

SPAIN

스페인어와 스페인어 문화권에
'한 걸음 더' 나아가려는 분들께

1955년 한국외국어대학교에 국내 최초로 '서반아어과'가 설치된 이래로 1980년대에 들어서 우리나라에 스페인어가 본격적으로 보급되기 시작하였습니다. 근래에 스페인어는 한국 기업들의 중남미 시장 진출이 한층 활발해지면서, 일상생활이나 여행 또는 비즈니스에 걸쳐 다양한 분야에 두루 활용되고 있습니다.

언어의 힘, 특히 외국어의 힘은 막강합니다.

대체로 쾌활한 성격이며, 동양인들에게 우호적이고 개방적인 스페인어권 사람들은 스페인어로 건네는 간단한 인사말 한 마디에도 환한 미소로 응대합니다. 국제회의가 진행되는 가운데 한국인 연사의 스페인어 인사말 한 마디가 회의장의 분위기를 한층 더 따뜻하게 만들어 주곤 합니다.

또한, 필자의 경우 한국의 어느 구치소에 수감되어 있던 페루 사람을 변호인과 접견하기 위해 만난 적이 있었습니다. 그에게 스페인어로 말을 걸자 바로 눈물을 흘리면서 자신의 속마음을 털어놓았습니다. 꽉 닫혀 있던 외국인 수감자의 마음이 몇 마디의 스페인어로 순간 활짝 열리는 것을 보고 조금은 당황스러웠고, 지금까지 스페인어를 전달하는 저의 마음속에 매우 의미 있는 기억으로 남아 있습니다.

스페인어는 한국 사람들이 쉽게 배울 수 있는 언어 유형을 갖고 있음과 동시에 '다양한 동사 변화'와 '과거시제의 단순과거와 불완료과거의 용법' 등과 같이 학습자들이 공통적으로 난해하게 여기는 내용들이 있습니다.

『나혼자 끝내는 독학 스페인어 첫걸음』에서는 쉽고 간결하며 활용도가 높은 표현과 일상회화에서 쓰임새가 다양한 문법 구문 중심으로 내용을 구성하였다면, 『나혼자 끝내는 독학 스페인어 첫걸음 : 한 걸음 더』에서는 스페인어를 공부하면서 왕초보 단계를 지난 학습자들이 부딪히는 난해한 사항들을 학습자의 입장에서, 직접 현장에서 강의했던 내용들과 피드백을 바탕으로 최대한 구체적으로 세분화하여 그림과 함께 설명, 이해를 돕고자 하였습니다.

『나혼자 끝내는 독학 스페인어 첫걸음』에 보여 주신 스페인어를 공부하시는 많은 분들의 큰 관심과 호응에 감사 드리며, 본 교재를 통하여 스페인어와 스페인어 문화권에 한 걸음 더 나아가시는 여러분들이 되시기를 응원합니다. 감사합니다.

저자 **임창희**

나혼자 스페인어 공부법

1 먼저 동영상 강의를 들어 보세요.
본책을 공부한 다음에는
복습용 동영상을 보며 다시 한 번
복습합니다.
» ❶ QR코드
   ❷ 유튜브

2 문장을 통해 주요 표현과
문법 구문을 공부합니다.
MP3를 들으며 단어도 같이
외워 주세요. 공부한 내용을
바로 확인할 수 있는 간단한
연습문제가 있습니다.
» ❶ QR코드
   ❷ 넥서스 홈페이지

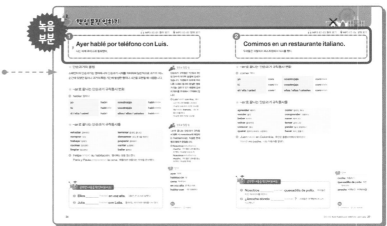

3 실전회화는 '핵심 문장 익히기'에서
배운 문장들로 구성되어 있습니다.
처음에는 듣기 MP3를,
두 번째는 말하기 MP3를 들으면서
따라 말해 보세요.

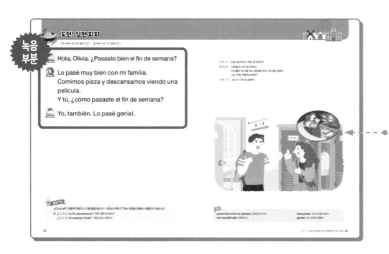

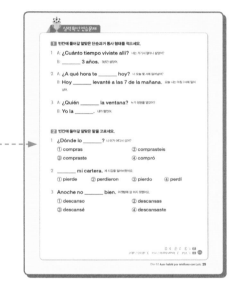

4 기본 회화 패턴을 익힌 후
단어를 바꿔서 응용해 보면 표현의 폭이
넓어집니다. 마찬가지로 듣기 MP3를
들은 후 말하기 MP3를 들으면서
따라 말하는 회화 연습을 해 보세요.

5 이제는 오늘의 공부를 마치면서
실력을 확인해 보는 시간!
'핵심 문장 익히기'를 이해했다면
쉽게 풀 수 있는 문제입니다.

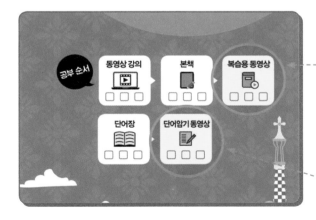

6 복습용 동영상을 보면서 '핵심 문장
익히기'와 '기본 회화 연습'의 내용을
확실하게 익힙시다.
» ❶ QR코드 ❷ 유튜브

7 단어 암기는 외국어 학습의 기본입니다.
단어 암기 동영상을 틈틈이 반복해서 보면
단어를 보다 쉽게 외울 수 있습니다.
» ❶ QR코드 ❷ 유튜브

독학용 학습자료 활용법

『나혼자 끝내는 독학 스페인어 첫걸음 : 한 걸음 더』는 입문용 첫걸음으로 학습을 마친 분들이 한 걸음 더 나아가 중급 단계로 넘어갈 수 있도록 개발된 독학용 스페인어 교재입니다.
학원에 다니지 않아도, 단어장이나 다른 참고서를 사지 않아도 이 책 한 권만으로 충분히 스페인어 초중급 과정을 마스터할 수 있도록 구성되어 있으며, 본책과 함께 부록으로 단어장를 제공합니다. 혼자 공부하는 학습자들을 위해 총 8가지 독학용 학습자료를 무료로 제공하고 있습니다.

온라인 무료 제공

 동영상 강의   저자 선생님이 직접 학습자들이 어려워 하는 스페인어의 핵심을 콕콕 집어 알려 줍니다.

 복습용 동영상   '핵심 문장 익히기'에 나온 문장들을 복습할 수 있도록 구성된 동영상입니다. 반복해서 보면 문장들을 통암기할 수 있습니다.

 단어 암기 동영상   깜빡이 학습법으로 단어를 자동 암기할 수 있도록 도와줍니다.

 듣기 MP3   스페인어 원어민의 정확한 발음을 들어 보세요. MP3만 들어도 듣기 공부가 됩니다.

 말하기 MP3   말하기 MP3는 스페인어 음성을 듣고 따라 말하는 연습을 할 수 있도록 구성되어 있습니다.

 핵심 문법 요점 노트   본문에 나왔던 꼭 알아야 할 주요 문법들을 정리해 두었습니다. 주요 동사의 시제별 변화를 직접 쓰면서 연습해 보세요.

 도우미 단어장   각 Día의 주요 단어들을 정리해 놓았습니다. 단어 암기는 외국어 학습의 기본입니다. 들고 다니면서 틈틈이 단어를 암기합시다.

자주 쓰는 여행 표현   스페인이나 남미 여행 중 자주 사용할 수 있는 문장들을 상황별로 정리했습니다. 유용한 여행 표현들을 익힐 수 있습니다.

MP3&무료 동영상 보는 법

방법 1

스마트폰에 QR코드 리더를 설치하여
책 속의 QR코드를 인식한다.

» 동영상 & MP3

MP3와 강의를
들어 보세요

공부 순서   동영상 강의   분책   복습용 동영상

단어장   단어암기 동영상

방법 2

nexusbook.com에서 도서명으로 검색한 다음
MP3/부가자료 영역에서 **다운받기** 를 클릭한다.

» MP3

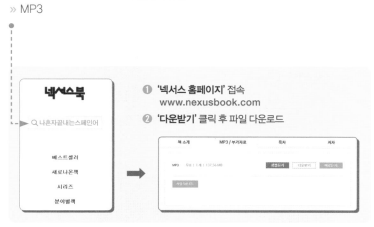

넥서스북

나혼자끝내는스페인어

베스트셀러
새로나온책
시리즈
분야별책

❶ '넥서스 홈페이지' 접속
www.nexusbook.com

❷ '다운받기' 클릭 후 파일 다운로드

책 소개	MP3 / 부가자료	목차	저자
MP3 무료	1개	137.56 MB		

방법 3

유튜브에서 〈나혼자 끝내는 스페인어
한 걸음 더〉를 검색한다.

» 동영상

16일 완성 학습 플래너

	공부한 날	동영상 강의	본책 MP3와 함께 들어 보세요	복습용 동영상	도우미 단어장	단어 암기 동영상
Día 01	월 일	▶	1회 2회 3회 16~23쪽	📱		
Día 02	월 일	▶	1회 2회 3회 24~35쪽	📱	📖 2~3쪽	📝
Día 03	월 일	▶	1회 2회 3회 36~47쪽	📱	📖 4~5쪽	📝
Día 04	월 일	▶	1회 2회 3회 48~57쪽	📱	📖 6~7쪽	📝
Día 05	월 일	▶	1회 2회 3회 58~67쪽	📱	📖 8~9쪽	📝
Día 06	월 일	▶	1회 2회 3회 68~77쪽	📱	📖 10~11쪽	📝
Día 07	월 일	▶	1회 2회 3회 78~87쪽	📱	📖 12~13쪽	📝
Día 08	월 일		중간 점검 복습문제 88~95쪽			

¡Hola!

	공부한 날	동영상 강의	본책 MP3와 함께 들어 보세요	복습용 동영상	도우미 단어장	단어 암기 동영상
Día 09	월 일	▶	1회 2회 3회 96~105쪽	📖▶	📖 14~15쪽	📝
Día 10	월 일	▶	1회 2회 3회 106~117쪽	📖▶	📖 16~17쪽	📝
Día 11	월 일	▶	1회 2회 3회 118~127쪽	📖▶	📖 18~19쪽	📝
Día 12	월 일	▶	1회 2회 3회 128~137쪽	📖▶	📖 20~21쪽	📝
Día 13	월 일	▶	1회 2회 3회 138~147쪽	📖▶	📖 22~23쪽	📝
Día 14	월 일	▶	1회 2회 3회 148~157쪽	📖▶	📖 24~25쪽	📝
Día 15	월 일	▶	1회 2회 3회 158~169쪽	📖▶	📖 26쪽	📝
Día 16	월 일	최종 확인 복습문제 170~178쪽				

목차

Día 01

일상생활 간단 표현 익히기   16

☐ 양해 구하기
☐ 문의하기
☐ 친목 다지기 1

☐ 주문, 요청하기
☐ 여행하기
☐ 친목 다지기 2

Día 02

Ayer, hablé por teléfono con Luis.   나는 어제 루이스와 통화했어.   24

☐ 단순과거의 용법
☐ -ar로 끝나는 단순과거 규칙동사들
☐ -er로 끝나는 단순과거 규칙동사들
☐ -ir로 끝나는 단순과거 규칙동사들
☐ 재귀동사의 단순과거형
☐ 단순과거의 구체적인 용법

☐ -ar로 끝나는 단순과거 규칙동사 변화
☐ -er로 끝나는 단순과거 규칙동사 변화
☐ -ir로 끝나는 단순과거 규칙동사 변화
☐ 단순과거 키워드
☐ 재귀동사 단순과거 규칙동사들

Día 03

Yo vivía en Francia.   나는 프랑스에 살았었다.   36

☐ 불완료과거의 용법
☐ -ar로 끝나는 불완료과거 규칙동사들
☐ -er로 끝나는 불완료과거 규칙동사들
☐ -ir로 끝나는 불완료과거 규칙동사들
☐ 재귀동사의 불완료과거형
☐ 불완료과거의 구체적인 용법

☐ -ar로 끝나는 불완료과거 규칙동사 변화
☐ -er로 끝나는 불완료과거 규칙동사 변화
☐ -ir로 끝나는 불완료과거 규칙동사 변화
☐ 불완료과거 키워드
☐ 재귀동사 불완료과거 규칙동사들

Día 01

일상생활
간단 표현
익히기

행인을 부를 때

MP3 01-01

> **Disculpe.**
> **Tengo una pregunta.**
> 실례합니다. 말씀 좀 묻겠습니다.

> **Sí, dígame.**
> 네, 말씀하세요.

스페인어를 할 줄 아는지 물어볼 때

A: ¿Habla español? 스페인어 할 줄 아세요?

B: Sí, un poco. 네, 조금 합니다.
  No, no hablo español. 아니요, 스페인어를 못합니다.

상대방의 말을 잘 못 알아들었을 때

Más despacio, por favor. 천천히 말씀해 주세요.

¿Puede repetirlo? 다시 한 번 말씀해 주시겠어요?

¿Cómo? 뭐라고요?

Escriba aquí, por favor. 여기에 적어 주세요.

No entiendo. 이해가 안 돼요.

No sé. 모르겠어요.

상대방의 앞을 지나갈 때

A: Perdón, con permiso. 죄송합니다. 지나갈게요.

B: Sí, pase. 네, 지나가세요.

> **Tip** pase는 'pasar(통과시키다, 지나가다)'의 3인칭 단수 긍정명령형으로 "들어오세요." 또는 "어서 오세요."의 의미로도 많이 사용됩니다.

18

상점에서 가격을 물어볼 때

MP3 01-02

¿Cuánto es?
얼마예요?

Son treinta euros.
30유로입니다.

과일 가게에서 과일을 구매할 때

A: ¿Qué le pongo? 무엇을 드릴까요?

B: Póngame un kilo de tomates. 토마토 1킬로 주세요.

카페에서 자리를 잡을 때

A: ¿Está ocupado? 자리 있어요?

B: Sí, está ocupado. 네. 자리 있어요.
  No, no está ocupado. 아니요. 비었어요.

레스토랑에서 주문할 때

A: ¿Va a pedir? 주문하시겠어요?

B: Deme esto. 이거 주세요.

계산서를 요청할 때

A: La cuenta, por favor. 계산서 주세요.

B: Aquí tiene. 여기 있습니다.

화장실 위치를 물어볼 때

 MP3 01-03

> Disculpe.
> ¿Dónde está el baño?
> 저기요. 화장실은 어디에 있나요?

> El baño está al fondo del pasillo.
> 화장실은 복도 끝에 있습니다.

버스 행선지를 물어볼 때

A: ¿Este autobús va al Palacio Real de Madrid? 이 버스, 마드리드 왕궁에 가나요?
B: Sí, va. 네, 갑니다.
　　No, no va. 아니요, 안 갑니다.

와이파이 비밀번호를 물어볼 때

A: ¿Cuál es la contraseña de Wi-Fi? 와이파이 비밀번호가 뭐예요?
B: Aquí está. 여기 있습니다.

관광지에서 사진을 찍고 싶을 때

A: ¿Puedo tomar una foto? 사진을 찍어도 되나요?
B: Sí, claro. 네, 물론입니다.

여행하기

공항에서 영접할 때

Bienvenido a Corea.
한국에 오신 것을 환영합니다.

Muchas gracias.
정말 감사합니다.

택시로 이동할 때

A: Al aeropuerto, por favor. 공항으로 가 주세요.

B: Ya llegamos. 다 왔습니다.

문제가 생겼을 때

A: El aire acondicionado no funciona. 에어컨이 작동하지 않아요.

B: Espere un momento. 잠시만 기다려 주세요.

긴급상황일 때

¡Ladrón! 도둑이야!

Me han robado. 도난당했어요.

Necesito ayuda. 도와주세요.

친목 다지기 1

약속을 잡을 때

🎧 MP3 01-05

Nos vemos en el café a la una.
1시에 카페에서 보자.

Hasta pronto.
곧 만나.

지각했을 때

A: Perdón por llegar tarde.　늦어서 미안해.

B: No hay de qué.　아니야.

생일파티에 초대 받았을 때

A: ¡Feliz Cumpleaños!　생일 축하해요!

B: Gracias por venir.　와 주셔서 감사합니다.

집에 방문했을 때

A: Siéntase como en casa.　마음 편히 하십시오.

B: Muchas gracias. Es muy amable.　정말 감사합니다. 매우 친절하시네요.

> **Tip** "Siéntase como en casa."와 유사한 표현으로 "Mi casa es su casa."가 있습니다. 직역하면 "저의 집이 당신의 집입니다."라는 뜻으로 "내 집처럼 편하게 계세요."라는 의미입니다.

새해 인사를 할 때

¡Feliz Año Nuevo!　새해 복 많이 받으세요!

여행지에서 친해졌을 때

MP3 01-06

Buen viaje.
여행 잘 다녀와.

Gracias. Estamos en contacto.
고마워. 계속 연락하고 지내자.

이메일 주소를 물어볼 때

A: ¿Cuál es su e-mail?   이메일 주소가 어떻게 되세요?

B: Mi e-mail es spanish01@gmail.com.   제 이메일은 spanish01@gmail.com입니다.

Tip 이메일 주소는 **spanish01 arroba gmail punto com**과 같이 읽습니다.

전화번호를 물어볼 때

A: ¿Cuál es su número de teléfono?   전화번호가 어떻게 되세요?

B: Mi número es 255-35-36.   제 번호는 255-35-36입니다.

Tip 전화번호는 일반적으로 끝에서부터 두 자리씩 끊어서 읽습니다.

헤어질 때

A: Buen fin de semana.   좋은 주말 보내.

B: Igualmente.   너도.

A: ¡Cuídate mucho!   몸 조심해!

B: ¡Nos vemos!   또 보자!

Tip cuidarse는 '자신의 몸(건강)에 신경을 쓰다'라는 의미로 영어의 **take care**와 같은 의미입니다.

Día 02

Ayer, hablé por teléfono con Luis.

나는 어제 루이스와 통화했어.

월   일

MP3와 강의를
들어 보세요

¡Hola!

공부 순서

동영상 강의
□ □ □

본책
□ □ □

복습용 동영상
□ □ □

단어장
□ □ □

단어 암기 동영상
□ □ □

핵심 문장 익히기

🎧 **MP3** 02-01 들어 보기   🎤 **MP3** 02-02 말해 보기

1

Ayer, hablé por teléfono con Luis.

나는 어제 루이스와 통화했어.

★ 단순과거의 용법

스페인어의 단순과거는 영어에서의 단순과거 시제를 의미하며 일반적으로 과거의 어느 순간에 있었던 일이나 과거의 특정 기간에 발생한 행위나 사건을 표현할 때 사용합니다.

★ -ar로 끝나는 단순과거 규칙동사 변화

 hablar 말하다

yo	hablé	nosotro(a)s	hablamos
tú	hablaste	vosotro(a)s	hablasteis
él / ella / usted	habló	ellos / ellas / ustedes	hablaron

★ -ar로 끝나는 단순과거 규칙동사들

estudiar 공부하다	**terminar** 끝내다, 끝나다
comprar 사다	**descansar** 쉬다, 휴식을 취하다
trabajar 일하다	**preparar** 준비하다
cocinar 요리하다	**cantar** 노래하다
limpiar 청소하다	**bailar** 춤추다

 Felipe limpió su habitación. 펠리페는 방을 청소했다.
Perla y Paula prepararon la cena. 페를라와 파울라는 저녁을 준비했다.

 왕초보 탈출 팁

단순과거 규칙형은 1인칭과 3인칭 단수의 마지막 음절에 강세가 있습니다. 악센트의 유무에 따라 다른 시제의 동사와 동일한 형태가 되는 경우가 있기 때문에 강세의 위치를 주의해서 기억해야 합니다.

 Luis habló con Ana. 루이스는 아나와 대화를 나누었다.
(직설법 단순과거 3인칭 단수형)
Yo hablo francés. 나는 프랑스어를 한다.
(직설법 현재 1인칭 단수형)

 왕초보 탈출 팁

-ar로 끝나는 단순과거 규칙동사 변화 시 nosotros에 해당하는 hablamos는 직설법 현재형과 형태가 동일합니다.

 Nosotros estudiamos mucho. 우리들은 공부를 열심히 했다. (직설법 단순과거)
Nosotros estudiamos mucho. 우리들은 공부를 열심히 한다. (직설법 현재)

 단어

ayer 어제
habitación 방
cena 저녁 식사
en voz alta 큰 목소리로
hablar con ~와 대화하다

 공부한 내용을 확인해 보세요!

❶ Ellos _____ (hablar) **en voz alta.**   그들은 큰 소리로 말했다.

❷ Julia _____ (hablar) **con Lidia.**   훌리아는 리디아와 대화를 나누었다.

 정답
① hablaron ② habló

2

Comimos en un restaurante italiano.

우리들은 이탈리아 레스토랑에서 식사를 했다.

★ –er로 끝나는 단순과거 규칙동사 변화

예 comer 먹다

yo	comí	nosotro(a)s	comimos
tú	comiste	vosotro(a)s	comisteis
él / ella / usted	comió	ellos / ellas / ustedes	comieron

★ –er로 끝나는 단순과거 규칙동사들

aprender 배우다	**correr** 달리다, 뛰다
vender 팔다	**comprender** 이해하다
beber 마시다	**nacer** 태어나다
volver 돌아가다	**temer** 겁이 나다
conocer 알다	**perder** 잃다, 분실하다

예 Juan nació en Colombia. 후안은 콜롬비아에서 태어났다.
　　 Vendí mi coche. 나는 자동차를 팔았다.

공부한 내용을 확인해 보세요!

❶ **Nosotros** _____ (comer) **quesadilla de pollo.**　우리들은
치킨 케사디야를 먹었다.

❷ **¿Anoche dónde** _____ (comer) **?**　너희들은 어젯밤에 어디서
식사했니?

 단어

coche 자동차 🚗
quesadilla de pollo 치킨
　케사디야
anoche 어젯밤 명 어젯밤에 부

 정답

① comimos　② comisteis

핵심 문장 익히기

3

Vivieron 10 años en Bolivia.

그들은 10년간 볼리비아에서 살았다.

⭐ –ir로 끝나는 단순과거 규칙동사 변화

🔵 vivir 살다

yo	vivÍ	nosotro(a)s	vivimos
tú	viviste	vosotro(a)s	vivisteis
él / ella / usted	vivió	ellos / ellas / ustedes	vivieron

⭐ –ir로 끝나는 단순과거 규칙동사들

escribir 쓰다   **recibir** 받다
abrir 열다   **compartir** 나누다, 공유하다
sufrir 고통을 받다   **permitir** 허락하다
subir 오르다   **salir** 나가다

🔵 Ellos abrieron la puerta. 그들은 문을 열었다.
　 Carlos escribió cinco libros. 카를로스는 다섯 권의 책을 썼다.

⭐ 단순과거 키워드

단순과거는 다음과 같은 과거를 나타내는 부사(구)와 많이 사용됩니다.

ayer 어제   **un día** 어느 날   **entonces** 그때, 그 당시에
anoche 어젯밤에   **hace un mes** 한 달 전에   **de repente** 갑자기
el lunes pasado 지난 월요일에   **en 2022** 2022년에   **por fin** 마침내, 결국

공부한 내용을 확인해 보세요!

❶ _____ (recibir) **un paquete.** 나는 택배를 받았다.

❷ **Miguel y su hijo** _____ (subir) **al coche.** 미겔과 그의 아들은
차에 탔다.

 단어

puerta 문
paquete 택배, 소포
subir al coche 차에 타다

🔴 정답
① Recibí ② subieron

28

4

¿Cuándo te casaste?

너 언제 결혼했어?

⭐ 재귀동사의 단순과거형

재귀동사는 현재형과 마찬가지로 단순과거형에서도 재귀대명사 se를 주어의 인칭과 수에 따라 me, te, se, nos, os, se로 바꾸어 붙여 줍니다.

예 levantarse 일어나다

yo	me **levant**é	nosotro(a)s	nos **levant**amos
tú	te **levant**aste	vosotro(a)s	os **levant**asteis
él / ella / usted	se **levant**ó	ellos / ellas / ustedes	se **levant**aron

⭐ 재귀동사 단순과거 규칙동사들

ducharse 샤워하다
lavarse la cara 세수하다
cepillarse los dientes 이를 닦다
secarse el pelo 머리를 말리다
peinarse 머리를 빗다
lavarse las manos 손을 씻다

casarse 결혼하다
mirarse en el espejo 거울을 보다
pararse 서다, 멈추다
pintarse los ojos 눈 화장을 하다
maquillarse 화장하다

예 Me casé en 2021. 나는 2021년도에 결혼했다.
   Ella no se lavó la cara. 그녀는 세수를 안 했다.

 왕초보 탈출 팁

재귀동사의 부정형을 만들 때는 재귀대명사 앞에 no를 붙여 줍니다.

 단어

cara 얼굴
diente 이, 치아 📷
ojo 눈, 시선, 눈매
   (¡Ojo! 는 감탄사로 '주의', '조심하세요!'의 의미로도 사용됩니다.)

 공부한 내용을 확인해 보세요!

❶ No _____ (pintarse) **los ojos.**   너는 눈 화장을 안 했다.

❷ Tú _____ (ducharse) **en casa.**   너는 집에서 샤워를 했다.

 정답
① te pintaste   ② te duchaste

핵심 문장 익히기

★ 단순과거의 구체적인 용법

단순과거의 사용은 다음의 네 가지 용법으로 세분화하여 이해할 수 있습니다.

1. 과거에 한 번 혹은 몇 번 일어난 행위나 사건

단순과거(~했다)　　　　　현재

- Yo compré una revista anteayer. 나는 그저께 잡지 한 권을 샀다.

  Juan y yo bailamos tango dos veces el mes pasado.
  후안과 나는 지난달에 탱고를 두 번 췄다.

  Gabriel me regaló estas flores. 가브리엘은 나에게 이 꽃들을 선물했다.

2. 지속 기간이 있더라도 일정 기간 안에 끝난 행위

단순과거(~(기간)동안 ~했다)　　　　현재

- Trabajé en una empresa farmacéutica 10 años.
  나는 어느 제약회사에서 10년간 일했다.

  Eduardo cantó ocho horas. 에두아르도는 여덟 시간 동안 노래를 불렀다.

공부한 내용을 확인해 보세요!

❶ La semana pasada, tú _____ (salir) de casa el lunes y el viernes. 지난주에 너는 월요일과 금요일에 집을 나갔다.

❷ Ellos _____ (ganar) el partido de fútbol. 그들은 축구 경기에서 이겼다.

❸ Ayer, Marta _____ (descansar) cuatro horas. 어제 마르타는 네 시간 동안 휴식을 취했다.

❹ Yo _____ (vivir) un año en Inglaterra. 나는 1년간 영국에서 살았다.

 현재완료 vs 단순과거

hoy(오늘), este mes(이번 달), este año(올해) 등과 같이 현재의 순간이 포함되어 있고, 과거의 사건이나 행위가 현재까지 영향을 미치는 경우에는 현재완료를 사용하고, 이미 지나버린 과거나 현재와 단절된 과거의 경우에는 단순과거를 사용합니다.

- Este verano hemos ido a la playa. 이번 여름에 우리는 해변에 갔었다. (현재완료)

  Anteayer salí de casa a las 2 de la tarde. 그저께 나는 오후 2시에 집을 나갔다. (단순과거)

단어

revista 잡지
regalar 선물하다
casa 집
ganar 이기다, 얻다
partido de fútbol 축구 경기
hora 시간
año 연, 1년간
Inglaterra 영국

정답

① saliste　② ganaron
③ descansó　④ viví

30

3. 시작이나 끝나는 시점이 명확히 언급된 과거의 행위나 사건

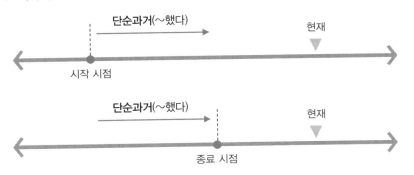

단순과거(~했다)
현재
시작 시점

단순과거(~했다)
현재
종료 시점

예 La Segunda Guerra Mundial terminó en 1945. 제2차 세계 대전은 1945년에 끝났다.

Cristóbal Colón llegó a América el 12 de octubre de 1492.
콜럼버스는 1492년 10월 12일 아메리카에 도착했다.

Ellos llegaron a las tres. 그들은 세 시에 도착했다.

4. 순차적으로 일어난 과거의 사건

단순과거(~하고, ~하고, ~했다)
현재

예 Juan llamó a su novia, salió del edificio y entró a la zapatería.
후안은 여자친구에게 전화를 걸었고, 건물을 나와서 신발 가게에 들어갔다.

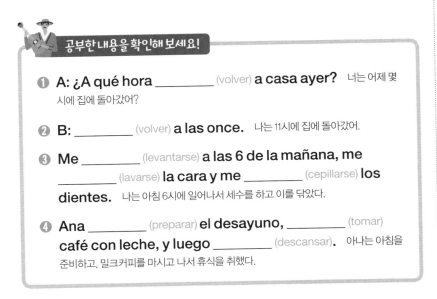

공부한 내용을 확인해 보세요!

❶ A: ¿A qué hora _____ (volver) a casa ayer? 너는 어제 몇
시에 집에 돌아갔어?

❷ B: _____ (volver) a las once. 나는 11시에 집에 돌아갔어.

❸ Me _____ (levantarse) a las 6 de la mañana, me
_____ (lavarse) la cara y me _____ (cepillarse) los
dientes. 나는 아침 6시에 일어나서 세수를 하고 이를 닦았다.

❹ Ana _____ (preparar) el desayuno, _____ (tomar)
café con leche, y luego _____ (descansar). 아나는 아침을
준비하고, 밀크커피를 마시고 나서 휴식을 취했다.

 왕초보 탈출 팁

과거의 행위나 사건에 대해 말할
때 보통 스페인에서는 현재완료
를, 중남미에서는 단순과거를 많
이 사용합니다.

예 ¿Has comido? 밥 먹었니?
(스페인)

¿Comiste? 밥 먹었니?
(중남미)

 단어

novia 여자친구, 애인
salir de ~에서 나가다
edificio 건물
zapatería 신발 가게
mañana 아침, 오전, 내일
desayuno 아침 식사
tomar 마시다, 잡다
café con leche 밀크커피
luego 곧, 다음에, 나중에

 정답

① volviste ② volví
③ levanté / lavé / cepillé
④ preparó / tomó / descansó

도전! 실전 회화

🎧 MP3 02-09 들어 보기　🎤 MP3 02-10 말해 보기

Antonio　Hola, Olivia. ¿Pasaste bien el fin de semana?

Olivia　Lo pasé muy bien con mi familia.
Comimos pizza y descansamos viendo una película.
Y tú, ¿cómo pasaste el fin de semana?

Antonio　Yo, también. Lo pasé genial.

회화 Tip

¿Qué tal? 다음에 주말이나 시험 등을 넣어서 '~은(는) 어땠니?'라는 표현을 만들어 사용할 수 있습니다.

예 ¿Qué tal tu fin de semana? 주말 어떻게 보냈어?
　¿Qué tal el examen final? 기말고사는 어땠니?

안토니오   안녕, 올리비아. 주말 잘 보냈어?

올리비아   가족들과 아주 잘 보냈어.
우리들은 피자를 먹고 영화를 보면서 휴식을 취했어.
너는 주말 어떻게 보냈어?

안토니오   나도야. 아주 잘 보냈어.

기본 회화 연습

🎧 **MP3** 02-11 들어 보기   🎤 **MP3** 02-12 말해 보기

나는 ~ 말했다 Hablé ~

Hablé con Graciela. 나는 그라시엘라와 말했다.

Hablé sobre el accidente. 나는 그 사건에 대해 말했다.

Hablé en voz baja. 나는 낮은 목소리로 말했다.

우리들은 ~ 먹었다 Comimos ~

Comimos pasta. 우리들은 파스타를 먹었다.

Comimos bistec con papas de cena. 우리들은 저녁으로 비프 스테이크와
감자를 먹었다.

Comimos bien en el restaurante. 우리들은 그 레스토랑에서 식사를 잘 했다.

그는 ~ 살았다 Vivió ~

Vivió 1 año en Suiza. 그는 1년간 스위스에서 살았다.

Vivió con una familia mexicana. 그는 멕시코 가족과 살았다.

Vivió felizmente después del nacimiento de su hijo.

그는 아들이 태어난 이후 행복하게 살았다.

sobre ~에 대하여
pasta 파스타
Suiza 스위스
nacimiento 출생, 탄생

accidente 사건, 사고
bistec 비프 스테이크 🍖
familia 가족
hijo 아들

en voz baja 낮은 목소리로
papa 감자
después de ~이후에

1 빈칸에 들어갈 알맞은 단순과거 동사 형태를 적으세요.

1   A: **¿Cuánto tiempo viviste allí?** 너는 거기서 얼마나 살았어?

　　B: _____ **3 años.** 3년간 살았어.

2   A: **¿A qué hora te _____ hoy?** 너 오늘 몇 시에 일어났어?

　　B: **Hoy _____ levanté a las 7 de la mañana.**

　　　오늘 나는 아침 7시에 일어났어.

3   A: **¿Quién _____ la ventana?** 누가 창문을 열었어?

　　B: **Yo la _____.** 내가 열었어.

2 빈칸에 들어갈 알맞은 말을 고르세요.

1   **¿Dónde lo _____?** 너 이거 어디서 샀어?

　　① compras ② comprasteis

　　③ compraste ④ compró

2   **_____ mi cartera.** 제 지갑을 잃어버렸어요.

　　① pierde ② perdieron ③ pierdo ④ perdí

3   **Anoche no _____ bien.** 어젯밤에 잘 쉬지 못했어요.

　　① descanso ② descansas

　　③ descansé ④ descansaste

Día 03

Yo vivía en Francia.

나는 프랑스에 살았었다.

월   일

MP3와 강의를
들어 보세요

¡Hola!

공부 순서

동영상 강의

본책

복습용 동영상

☐ ☐ ☐   ☐ ☐ ☐   ☐ ☐ ☐

단어장

단어 암기 동영상

☐ ☐ ☐   ☐ ☐ ☐

핵심 문장 익히기

🎧 MP3 03-01 들어 보기　🎤 MP3 03-02 말해 보기

1

Antonio buscaba trabajo.
안토니오는 일자리를 찾고 있었다.

★ 불완료과거의 용법

스페인어의 불완료과거는 과거의 습관이나 반복되고 지속된 행위나 사건을 표현할 때 사용합니다.

불완료과거
(〜하고 있었다, 〜하곤 했다)

현재

★ –ar로 끝나는 불완료과거 규칙동사 변화

📢 hablar 말하다

yo	hablaba	nosotro(a)s	hablábamos
tú	hablabas	vosotro(a)s	hablabais
él / ella / usted	hablaba	ellos / ellas / ustedes	hablaban

★ –ar로 끝나는 불완료과거 규칙동사들

estudiar 공부하다	terminar 끝내다, 끝나다
comprar 사다	descansar 쉬다, 휴식을 취하다
trabajar 일하다	preparar 준비하다
cocinar 요리하다	cantar 노래하다
limpiar 청소하다	bailar 춤추다

📢 Todos los días estudiábamos español. 우리들은 매일 스페인어를 공부했었다.
A veces mi padre limpiaba la casa. 가끔 아버지가 집안 청소를 하시곤 했다.

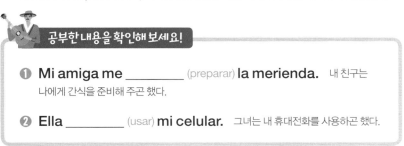

공부한 내용을 확인해 보세요!

❶ Mi amiga me _____ (preparar) la merienda.　내 친구는
나에게 간식을 준비해 주곤 했다.

❷ Ella _____ (usar) mi celular.　그녀는 내 휴대전화를 사용하곤 했다.

단어

buscar 찾다
todos los días 매일
a veces 가끔
merienda 간식
usar 사용하다
celular 휴대전화

정답
① preparaba ② usaba

2

Cada semana comía fuera de casa.

나는 매주 외식을 했었다.

★ –er로 끝나는 불완료과거 규칙동사 변화

📘 comer 먹다

yo	comía	nosotro(a)s	comíamos
tú	comías	vosotro(a)s	comíais
él / ella / usted	comía	ellos / ellas / ustedes	comían

★ –er로 끝나는 불완료과거 규칙동사들

aprender 배우다	**correr** 달리다, 뛰다
vender 팔다	**comprender** 이해하다
beber 마시다	**nacer** 태어나다
volver 돌아가다	**temer** 겁이 나다
conocer 알다	**perder** 잃다, 분실하다
querer 원하다, 바라다, 사랑하다	**hacer** 하다, 만들다

📘 Marta conocía a Perla. 마르타는 페를라를 알고 있었다.

　 Antes Elena bebía mucha agua. 예전에 엘레나는 물을 많이 마시곤 했다.

　 ¿No lo sabías? 너 그거 몰랐었니?

 왕초보 탈출 팁

영어의 there was~, there were~에 해당하는 '~이 있었다'라는 표현을 할 때에는 단복수 구별 없이 haber 동사의 불완료과거형인 había를 사용합니다.

📘 Había un árbol enfrente de la casa. 집 앞에 나무 한 그루가 있었다.
　 Había cinco oficinas en el edificio. 건물 안에 다섯 개의 사무실이 있었다.

 단어

comer fuera de casa 외식하다
antes 예전에, 앞에
saber 알다, 알고 있다
agua 물
árbol 나무 🔵
oficina 사무실
tener 가지다, 소유하다
frío 추운 🔵 추위 🔵
familia 가족

 공부한 내용을 확인해 보세요!

❶ Nosotros _____ (tener) **frío.** 우리들은 추웠다.

❷ Él _____ (querer) **mucho a su familia.** 그는 자신의 가족을 무척 사랑했다.

 정답

① teníamos　② quería

🎧 **MP3** 03-05 들어 보기　　🎤 **MP3** 03-06 말해 보기

3

Yo vivía en Francia.

나는 프랑스에 살았었다.

★ –ir로 끝나는 불완료과거 규칙동사 변화

📝 vivir 살다

yo	vivía	nosotro(a)s	vivíamos
tú	vivías	vosotro(a)s	vivíais
él / ella / usted	vivía	ellos / ellas / ustedes	vivían

★ –ir로 끝나는 불완료과거 규칙동사들

escribir 쓰다　　　　　　　recibir 받다
abrir 열다　　　　　　　　compartir 나누다, 공유하다
sufrir 고통을 받다　　　　　permitir 허락하다
subir 오르다　　　　　　　salir 나가다

📝 **A: ¿Dónde vivías antes?** 너 예전에 어디서 살았었어?
　B: Yo vivía con mis padres en Francia. 나는 부모님과 함께 프랑스에 살았었어.

★ 불완료과거 키워드

불완료과거는 다음과 같은 빈도를 나타내는 부사(구)와 많이 사용됩니다.

generalmente 일반적으로, 보통　　　frecuentemente 자주
siempre 언제나, 항상, 늘　　　　　a menudo 종종, 자주
todos los días 매일　　　　　　　a veces 가끔

공부한 내용을 확인해 보세요!

❶ **Cada viernes, nosotros _____ (subir) a la montaña.**
매주 금요일 우리들은 등산을 했었다.

❷ **Todos los fines de semana, tú _____ (salir) de casa temprano.** 매주 주말마다 너는 일찍 집을 나갔었다.

 단어

Francia 프랑스
subir a la montaña 등산하다
temprano 일찍

 정답

① subíamos　② salías

Siempre me levantaba a las seis de la mañana.

나는 항상 아침 여섯 시에 일어났었다.

★ 재귀동사의 불완료과거형

현재형, 단순과거형과 마찬가지로 불완료과거형에서도 재귀대명사 se를 주어의 인칭과 수에 따라 me, te, se, nos, os, se로 바꾸어 붙여 줍니다.

예 levantarse 일어나다

yo	me levantaba	nosotro(a)s	nos levantábamos
tú	te levantabas	vosotro(a)s	os levantabais
él / ella / usted	se levantaba	ellos/ellas/ustedes	se levantaban

★ 재귀동사 불완료과거 규칙동사들

ducharse 샤워하다
lavarse la cara 세수하다
cepillarse los dientes 이를 닦다
secarse el pelo 머리를 말리다
peinarse 머리를 빗다

mirarse en el espejo 거울을 보다
pararse 서다, 멈추다
pintarse los ojos 눈 화장을 하다
maquillarse 화장하다
lavarse las manos 손을 씻다

예 Me lavaba las manos frecuentemente. 나는 자주 손을 씻었다.
Julia se maquillaba cada día. 훌리아는 매일 화장을 했다.

공부한 내용을 확인해 보세요!

❶ **Ella siempre** _____ (mirarse) **en el espejo.** 그녀는 늘 거울을 보고 있었다.

❷ **A veces Julio no** _____ (lavarse) **la cara.** 훌리오는 가끔 세수를 하지 않았다.

단어

espejo 거울
mano (사람의) 손 **예**
frecuentemente 자주
cada día 매일

정답
① se miraba ② se lavaba

핵심 문장 익히기

★ 불완료과거의 구체적인 용법

불완료과거의 사용은 다음의 여섯 가지 용법으로 세분화하여 이해할 수 있습니다.

1. 상황 설명 및 배경 묘사

예 Los hoteles estaban lejos de la ciudad. 그 호텔들은 도시에서 멀리 떨어져 있었다.

Hacía buen tiempo. 날씨가 좋았다.

2. 지정되지 않은 시간에 진행된 행위(과거에 진행 중인 행위로 시작이나 끝이 언급되지 않음)

예 Yo leía mientras él estudiaba. 그가 공부하는 동안 나는 책을 읽었다.

Cuando José tocaba el piano, María comía. 호세가 피아노를 연주하고 있었을 때, 마리아는 식사를 하고 있었다.

Mi padre trabajaba en una fábrica. 우리 아버지는 공장에서 일하셨다.

Yo estaba sentada en un café. 나는 어느 카페에 앉아 있었다.

3. 습관적이거나 반복적인 행위

예 Yo paseaba por el parque los sábados.
나는 토요일에 공원을 산책하곤 했다.

Salía temprano todos los días y volvía tarde a casa.
그는 매일 일찍 나가서 집에 늦게 돌아왔다.

Cuando era joven, trabajaba en un laboratorio.
내가 젊었을 적엔 연구소에서 일했었다.

공부한 내용을 확인해 보세요!

❶ El banco _____ (estar) en el centro de la ciudad.
그 은행은 도시 중심부에 있었다.

❷ Antes yo _____ (jugar) mucho con mi sobrina. 예전에
나는 우리 조카와 많이 놀았었다.

❸ _____ (hacer) viento en la calle. 거리에는 바람이 불었다.

❹ Cada día, _____ (comer) tacos. 매일 나는 타코를 먹었다.

단어

lejos de ~에서 멀리
ciudad 도시
mientras ~하는 동안, ~하는 사이에
fábrica 공장
estar sentado(a) 앉아 있다
café 카페, 커피숍, 커피
pasear 산책하다
parque 공원
tarde 늦게, 오후
laboratorio 연구소
centro 중심부, 센터
sobrina (여자) 조카
viento 바람
calle 거리, 길 **예**

정답

① estaba ② jugaba
③ Hacía ④ comía

4. 신체 및 정신 상태 표현

예 Mi abuela tenía el pelo rizado. 우리 할머니는 곱슬머리셨다.

Ellos querían mucho a su familia. 그들은 자신들의 가족을 무척 사랑했다.

Quería estar feliz. 그는 행복하기를 원했다.

Tenía frío. 그는 추웠다.

Estaba muy cansada. 나는 매우 피곤했다.

Él quería ir a casa. 그는 집에 가고 싶었다.

5. 시간 표현

ser 동사는 불완료과거 불규칙형이며 1, 3인칭 단수형은 era, 3인칭 복수형은 eran 입니다.

→ ser 동사의 불완료과거 불규칙형 80쪽

예 A: ¿Qué hora era? 그때 당시는 몇 시였습니까?

B: Eran las diez de la mañana. 그때 당시는 오전 열 시였습니다.

Eran las cinco y media. 그때 당시는 다섯 시 반이었습니다.

6. 나이 및 성장 시기에 관한 표현

예 Los niños tenían seis años. 그 아이들은 여섯 살이었다.

Entonces Pedro tenía veinte años. 그때 페드로는 스무 살이었다.

 왕초보 탈출 팁

예의를 갖추거나 공손하게 말할 때 현재의 의미로 불완료과거를 사용하기도 합니다.

예 Quería enviar este paquete. 이 소포를 좀 보내고 싶습니다.

 왕초보 탈출 팁

현재 시간을 물을 때에는 "¿Qué hora es?(지금은 몇 시입니까?)" 라고 합니다.

 단어

abuela 할머니

pelo rizado 곱슬머리

feliz 행복한

cansado 피곤한

entonces 그때, 그 당시에

triste 슬픈

comida 음식, 식사

tocar el violín 바이올린을 켜다

공부한 내용을 확인해 보세요!

❶ Nosotros _____ (estar) muy tristes. 우리들은 매우 슬펐다.

❷ Vosotras _____ (querer) pedir más comida. 너희들은 음식을 더 주문하고 싶었다.

❸ _____ (ser) las tres. 그때 당시는 세 시였다.

❹ Cuando _____ (tener) 10 años, tocaba el violín. 내가 10살이었을 때, 바이올린을 연주하곤 했다.

 정답

① estábamos ② queríais
③ Eran ④ tenía

🎧 **MP3** 03-09 들어 보기　🎙️ **MP3** 03-10 말해 보기

Olivia
¿Dónde vivías cuando eras niño?

Antonio
De niño, vivía cerca de la playa.

Olivia
¿Qué hacías en tu tiempo libre?

Antonio
Leía novelas y comía mucho marisco.

회화Tip

'내가 어렸을 때'라는 뜻의 cuando era niño(a)는 짧게 de niño(a)라고도 표현할 수 있습니다.

예 Cuando era niña = De niña 내가 어렸을 적에

　Cuando era adolescente = De adolescente 내가 청소년 시절에

올리비아 어렸을 때 어디에 살았어?

안토니오 어렸을 때 나는 해변 가까이에 살았었어.

올리비아 쉬는 시간에는 뭘 했었어?

안토니오 소설을 읽고 해산물을 많이 먹었어.

단어

cerca de ~에서 가까이	**playa** 해변	**tiempo libre** 쉬는 시간
novela 소설	**marisco** 해산물	

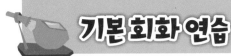

🎧 **MP3** 03-11 들어 보기 　🎙 **MP3** 03-12 말해 보기

예전에는 ~했었다　Antes + (주어) + 불완료과거 ~

Antes comíamos mucho marisco y pescado. 예전에 우리
들은 해산물과 생선을 많이 먹었었다.

Antes Daniel vivía muy tranquilo. 예전에 다니엘은 매우 평온하게 살았었다.

Antes miraba mucho la televisión. 예전에는 텔레비전을 많이 봤었다.

나는 ~을(를) 하고 싶었다　Quería + 동사원형 ~

Quería preparar la fiesta. 나는 파티를 준비하고 싶었다.

Quería comprar un recuerdo para mi madre. 나는 어머니를
위한 기념품을 사고 싶었다.

Quería ir con Juan. 나는 후안과 함께 가고 싶었다.

~이(가) 있었다(존재의 유무만 말할 때)　Había ~

Había mucha gente en la playa. 해변에 많은 사람들이 있었다.

Había una cama en la habitación. 방에 침대 하나가 있었다.

Había dos tiendas en la calle. 거리에는 두 개의 상점이 있었다.

단어

pescado 생선　　　　　　　　　**mirar la televisión** 텔레비전을 보다　　　**fiesta** 파티
recuerdo 추억, 기억, 기념품(기념품을 의미하는 souvenir도 많이 쓰입니다. 영어와 동일하게 표기하고 [수베니르]라고 읽어줍니다.)
con ~과 함께　　　　　　　　　**gente** 사람들(집합명사) 여　　　　　　**cama** 침대
habitación 방　　　　　　　　　**tienda** 상점, 가게　　　　　　　　　　**calle** 거리, 길 여

1 빈칸에 들어갈 알맞은 불완료과거 동사 형태를 적으세요.

1 A: **¿Cuántos años tenías en 2015?** 너는 2015년에 몇 살이었어?

   B: **_____ 5 años.** 5살이었어.

2 A: **¿Quién _____ la casa antes?** 예전에는 누가 집안 청소를 했었어?

   B: **Yo _____ la casa.** 내가 집안 청소를 했었어.

3 A: **¿A qué hora _____ la clase?** 수업은 몇 시에 시작했었어?

   B: **La clase _____ a las 9 de la mañana.** 수업은 아침 9시에 시작했었어.

2 빈칸에 들어갈 알맞은 말을 고르세요.

1 **Todos los sábados, _____ por el parque.** 매주 토요일마다 우리들은 공원을 산책했었다.

  ① paseamos   ② paseasteis

  ③ paseábamos   ④ paseaba

2 **El centro comercial _____ al lado del cine.** 그 쇼핑몰은 영화관 옆에 있었다.

  ① está ② estoy ③ estaban ④ estaba

3 **No _____ hablar con él.** 나는 그와 대화를 나누고 싶지 않았다.

  ① quería ② quieres ③ quiere ④ quiero

Día 04

Cuando Juana entró a la habitación, yo tocaba el piano.

후아나가 방에 들어왔을 때,
나는 피아노를 치고 있었다.

월   일

MP3와 강의를
들어 보세요

¡Hola!

공부 순서

동영상 강의

본책

복습용 동영상

단어장

단어 암기 동영상

핵심 문장 익히기

🎧 **MP3** 04-01 들어 보기   🎤 **MP3** 04-02 말해 보기

1

Cuando Juana entró a la habitación, yo tocaba el piano.

후아나가 방에 들어왔을 때, 나는 피아노를 치고 있었다.

★ 단순과거 vs 불완료과거

단순과거는 과거에 완료된 동작이나 상태를 나타내고, 불완료과거는 과거의 한 시점에서 지속되고 있는 동작이나 상태를 표현합니다.

단순과거(~했다)   현재

예 Yo limpié la habitación. 나는 방을 청소했다.
　 Nos levantamos a las 6 de la mañana. 우리들은 아침 6시에 일어났다.

불완료과거(~하고 있었다)   현재

예 Yo limpiaba la habitación. 나는 방을 청소하곤 했다.
　 Siempre nos levantábamos a las 6 de la mañana. 우리들은 항상 아침 6시에 일어났었다.

왕초보 탈출 팁

스페인어 재귀동사의 복수형은 상호의 의미를 갖습니다.

예 **Ellos** se comunicaban por e-mail. 그들은 서로 이메일로 연락했었다.

🌸 단어

entrar 들어가다
tocar el piano 피아노를 치다
limpiar 청소하다
siempre 언제나, 항상, 늘
levantarse 일어나다
amarse 사랑을 받다, (복수형에서)
　서로 사랑하다
llegar 도착하다

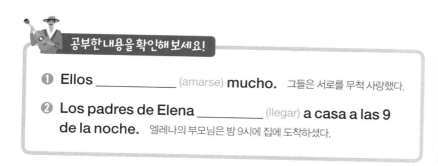

공부한 내용을 확인해 보세요!

❶ **Ellos** ＿＿＿＿＿ (amarse) **mucho.** 그들은 서로를 무척 사랑했다.

❷ **Los padres de Elena** ＿＿＿＿ (llegar) **a casa a las 9 de la noche.** 엘레나의 부모님은 밤 9시에 집에 도착하셨다.

정답

① se amaban ② llegaron

②

Mientras comía en el restaurante español, me encontré con Lidia.

나는 스페인 레스토랑에서 식사를 하고 있었는데, 리디아를 만났다.

★ **단순과거와 불완료과거가 한 문장에 나오는 경우**

단순과거는 중심이 되는 행위를 나타내며, 불완료과거는 부수적인 환경, 인물, 상황 묘사로서 배경의 역할을 표현합니다. 타임라인을 기준으로 살펴보면 과거에 진행 중인 행위나 상황은 불완료과거를, 그 상황에 갑자기 끼어든 행위를 표현할 때에는 단순과거를 사용합니다.

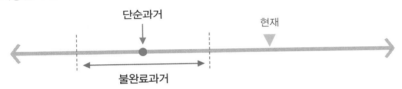

예 Compré un reloj porque lo necesitaba. 시계가 필요해서 하나 샀다.

Yo tenía 17 años cuando conocí a María. 내가 마리아를 처음 만났을 때 나는 열일곱 살이었다.

Cuando llamó mi madre, yo estaba estudiando. 우리 어머니가 전화하셨을 때 나는 공부를 하고 있었다.

Yo descansaba en un café cuando me llamaste. 네가 전화했을 때 나는 카페에서 쉬고 있었어.

👑 **단어**

encontrarse (우연히) 만나다
reloj 시계 (남)
porque ~때문에, 왜냐하면
necesitar 필요하다
conocer 알다
llamar 부르다, 전화하다
estudiar 공부하다
descancar 쉬다, 휴식을 취하다
salir de ~에서 나가다
oficina 사무실
almuerzo 점심 식사
sonar 울리다, 소리 나다

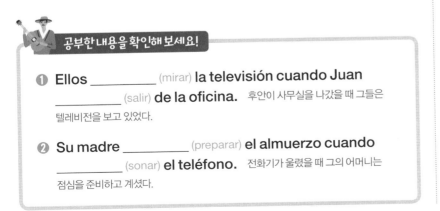

🎸 **공부한 내용을 확인해 보세요!**

❶ Ellos _____ (mirar) la televisión cuando Juan _____ (salir) de la oficina. 후안이 사무실을 나갔을 때 그들은 텔레비전을 보고 있었다.

❷ Su madre _____ (preparar) el almuerzo cuando _____ (sonar) el teléfono. 전화기가 울렸을 때 그의 어머니는 점심을 준비하고 계셨다.

 정답

① miraban / salió
② preparaba / sonó

3

🎧 **MP3** 04-05 들어 보기   🎤 **MP3** 04-06 말해 보기

Ellos bailaban y nosotros cantábamos.

그들은 춤을 추었고 우리들은 노래를 불렀다.

⭐ 여러 가지 행위나 상황을 묘사하는 불완료과거가 한 문장에 나오는 경우

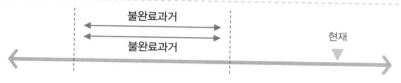

불완료과거

불완료과거

현재

📝 Cuando era pequeño, jugaba al fútbol. 그가 어렸을 때 축구를 했었다.

De niño, jugaba a videojuegos todos los días. 내가 어렸을 때 매일 비디오 게임을 했었다.

Ellos bailaban y nosotros cantábamos. 그들은 춤을 추었고 우리들은 노래를 불렀다.

[비교] 단순과거가 연속적으로 나오는 경우

순차적으로 나오는 단순과거
(~하고, ~하고, ~했다)

현재

📝 Anoche llegué a casa a las once, me duché y me acosté. 어젯밤에 나는 11시에 집에 도착해서, 샤워를 하고 잠자리에 들었다.

Después de la escuela, mis amigos y yo fuimos al centro comercial, compramos los zapatos deportivos y comimos en un restaurante italiano. 방과 후에 내 친구들과 나는 쇼핑몰에 가서, 운동화를 사고 이탈리아 레스토랑에서 식사를 했다.

🎸 **공부한 내용을 확인해 보세요!**

❶ Cuando _____ (ser) niña, _____ (ir) al parque de atracciones. 내가 어렸을 때, 나는 놀이공원에 가곤 했다.

❷ _____ (llegar) al parque, _____ (sentarse) y _____ (compartir) un sándwich de atún. 우리들은 공원에 도착했고, 앉아서 참치 샌드위치를 나누어 먹었다.

👑 **단어**

jugar al fútbol 축구를 하다
videojuego 비디오 게임
acostarse 눕다, 잠자리에 들다
centro comercial 쇼핑몰
zapatos deportivos 운동화
parque de atracciones 놀이공원
compartir 나누다, 공유하다
sándwich de atún 참치 샌드위치

 정답

① era / iba   ② Llegamos / nos sentamos / compartimos

4

Cuando yo nací en 2002, mi madre tenía 30 años.

2002년도에 내가 태어났을 때 우리 어머니는 30살이셨어.

★ 날짜 표현

스페인어에서 날짜를 표현할 때 '일'은 숫자(기수)로 기입하나, 1일의 경우에는 서수인 primero(첫 번째)를 사용합니다. 1을 숫자로 나타낼 때에는 어깨글자 º 를 사용하고 '월'을 함께 기입할 때는 '~의'를 의미하는 de를 넣어 줍니다.

예 8월 1일　primero de agosto (= 1º de agosto)

★ 연도 읽기

연도는 네 자리를 모두 읽으며, 천과 백 단위를 먼저 말한 후 십과 일 단위를 읽습니다.

예 2019년　dos mil diecinueve
1997년　mil novecientos noventa y siete

스페인어에서 연도를 포함한 날짜 표현은 '일, 월, 년'의 순서로 기입합니다.

예 2022년 10월 15일　quince de octubre de 2022

★ 전화번호 읽기

스페인어로 전화번호를 읽을 때에는 보통 두 자리로 끊어 읽습니다.

예 010-1234-5072　cero diez-doce-treinta y cuatro-cincuenta-setenta y dos

★ 알아두면 유용한 그 밖의 날짜 표현

anteayer 그저께	**la semana pasada** 지난주
ayer 어제	**esta semana** 이번 주
hoy 오늘	**la semana próxima** 다음 주
mañana 내일	(= la semana que viene)
pasado mañana 모레	**el fin de semana** 주말

왕초보 탈출 팁

스페인어에서 문장 중간에 나오는 월명의 첫 글자를 대문자로 기입 하지않는 것에 유의해야 합니다.
예 2021년 12월 3일
3 de diciembre de 2021

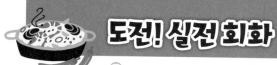 도전! 실전 회화

 Olivia
Disculpe, pero quisiera devolver la camiseta que[1] compré ayer.

 Dependiente
Bueno, ¿no usó la camiseta?

 Olivia
No, no la usé.

 Dependiente
Vale. Venga[2] por aquí.

 **회화 Tip**

영어의 I'd like에 해당하는 quisiera는 공손하게 '~을 원합니다'라고 말할 때 사용합니다.

예 Quisiera un café con leche. 밀크커피 한 잔 주세요.
　Quisiera hablar con un experto. 전문가와 이야기하고 싶습니다.

 **문법 Tip**

❶ que는 관계대명사로 사람과 사물을 지칭합니다.
　➲ 관계대명사 que의 용법 100쪽
　예 La lámpara que me regaló Juan. 후안이 나에게 선물해 준 램프.

❷ usted 긍정명령문은 1인칭 단수 현재형에서 동사원형이 -ar로 끝나는 동사는 o를 e로, -er 혹은 -ir로 끝나는 동사는 o를 a로 바꿔 줍니다.
　예 Repase el vocabulario. (당신은) 어휘를 복습하세요.

54

올리비아   죄송하지만, 어제 산 티셔츠를 환불하고 싶어요.

점원   네, 옷을 입지는 않으셨나요?

올리비아   네, 안 입었어요.

점원   알겠습니다. 이쪽으로 오세요.

단어

devolver 환불하다, 돌려주다   **camiseta** 티셔츠   **usar** 사용하다

venga 오세요(venir의 usted 긍정명령문)

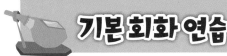

🎧 **MP3** 04-11 들어 보기　🎤 **MP3** 04-12 말해 보기

~이(가) 아주 좋았다 Me encantó ~

Me encantó la película.　영화가 아주 좋았어.

Me encantó la comida.　음식이 아주 좋았어.

Me encantó el programa de la reunión.　회의 프로그램이 아주 좋았어.

~은(는) 어땠니? ¿Qué te pareció ~ ?

¿Qué te pareció la película?　영화는 어땠니?

¿Qué te pareció la comida?　음식은 어땠니?

¿Qué te pareció la fiesta?　파티는 어땠니?

나는 ~하고 있었다 Estaba + 현재분사

Estaba trabajando en la empresa.　나는 회사에서 일하고 있었다.

Estaba tomando una foto.　나는 사진을 찍고 있었다.

Estaba llamando un taxi.　나는 택시를 부르고 있었다.

 **왕초보 탈출 Tip**

스페인어에서 과거진행형을 나타내고자 할 때에는 불완료과거 또는 'estar의 불완료과거형 + 현재분사'를 사용합니다.

　📝 Ayer por la tarde, comíamos pizza.　어제 오후에 우리는 피자를 먹고 있었다.
　　= Ayer por la tarde, estábamos comiendo pizza.

 단어

película 영화	**comida** 음식, 식사	**programa** 프로그램 (남)
reunión 회의, 모임	**empresa** 회사, 기업	**tomar una foto** 사진을 찍다

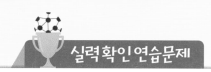

1 빈칸에 들어갈 알맞은 단순과거 또는 불완료과거 동사 형태를 적으세요.

1 A: ¿Qué _____ cuando tu hermano mayor _____ a tu oficina? 네 형이 사무실에 들어왔을 때 너는 뭘 하고 있었어?

   B: Yo _____ con mis compañeros. 나는 동료들과 일하고 있었어.

2 A: ¿Qué te _____ la clase? 수업은 어땠어?

   B: Me _____ la clase. 수업은 아주 좋았어.

3 A: _____ en la piscina cuando _____ con Luisa.
   루이사를 만났을 때 나는 수영장에서 수영을 하고 있었어.

   B: Ella _____ hasta el mes pasado. 그녀는 지난달까지 (수영장에서) 일했어.

2 빈칸에 들어갈 알맞은 말을 적으세요.

1 Ayer Miguel _____ su trabajo y _____ a las 3 de la madrugada. 어제 미겔은 그의 일을 마치고 새벽 3시에 잠자리에 들었다.

   ① terminaba / se acostaba   ② terminó / se acostó

   ③ termina / se acuesta   ④ terminando / acostándose

2 Yo _____ la aspiradora y mi esposo _____ la mesa.

   나는 청소기를 돌리고 있었고 내 남편은 식탁을 치우고 있었다.

   ① pasaba / quitaba   ② pasando / quitando

   ③ ha pasado / ha quitado   ④ pasó / quitó

3 Ella _____ durmiendo cuando sonó el teléfono.

   전화기가 울렸을 때 그녀는 잠을 자고 있었다.

   ① estar   ② estuvo   ③ ha estado   ④ estaba

Día 05

¿Adónde fuiste ayer?

너는 어제 어디 갔었어?

월   일

MP3와 강의를
들어 보세요

¡Hola!

공부 순서

동영상 강의
☐ ☐ ☐

본책
☐ ☐ ☐

복습용 동영상
☐ ☐ ☐

단어장
☐ ☐ ☐

단어 암기 동영상
☐ ☐ ☐

핵심 문장 익히기

1

¿Adónde fuiste ayer?

너는 어제 어디 갔었어?

⭐ 단순과거 불규칙동사 변화 **1**

ser ~이다

yo	fui	nosotro(a)s	fuimos
tú	fuiste	vosotro(a)s	fuisteis
él / ella / usted	fue	ellos / ellas / ustedes	fueron

 Ellos fueron muy simpáticos. 그들은 매우 친절했다.
　El examen fue el viernes pasado. 시험은 지난주 금요일이었다.
　La actriz fue cordial. 그 배우는 공손했다.

ir 가다

yo	fui	nosotro(a)s	fuimos
tú	fuiste	vosotro(a)s	fuisteis
él / ella / usted	fue	ellos / ellas / ustedes	fueron

 Ella fue a comprar jabón. 그녀는 비누를 사러 갔다.
　Yo fui al cine con mi novio. 나는 내 남자친구와 영화관에 갔다.

 왕초보 탈출 팁

ser와 ir 동사의 단순과거형은 동일한 형태이므로 문맥상 의미를 파악하도록 합니다.

 단어

simpático 친절한
examen 시험 🔊
el viernes pasado 지난주 금요일
actriz (여자) 배우
cordial 공손한, 예의 바른
jabón 비누 🔊
novio 남자친구, 애인
banco 은행
cuenta bancaria 은행 계좌
ópera 오페라
fantástico 환상적인

 공부한 내용을 확인해 보세요!

❶ **Ellos** _____ (ir) **al banco para abrir una cuenta bancaria.** 그들은 은행 계좌를 하나 만들려고 은행에 갔다.

❷ **La ópera** _____ (ser) **fantástica.** 그 오페라는 환상적이었다.

 정답

① fueron　② fue

2

La semana pasada, fui al cine y vi una película.

지난주에 나는 영화관에 가서 영화를 봤어.

⭐ 단순과거 불규칙동사 변화 **2**

dar 주다, (행위나 동작을) 하다, (회의 등을) 열다, 개최하다

yo	di	nosotro(a)s	dimos
tú	diste	vosotro(a)s	disteis
él / ella / usted	dio	ellos / ellas / ustedes	dieron

 Carlos me dio una manzana. 카를로스는 나에게 사과 한 개를 주었다.
Mis primos dieron una fiesta en su casa. 내 사촌들이 그들의 집에서 파티를 열었다.

ver 보다

yo	vi	nosotro(a)s	vimos
tú	viste	vosotro(a)s	visteis
él / ella / usted	vio	ellos / ellas / ustedes	vieron

 A: ¿Viste a Emma en el parque? 너 엠마를 공원에서 봤니?
B: No, no la vi por allí. 아니, 거기서 그녀를 못 봤어.

 왕초보 탈출 팁

dar 동사는 -er, -ir로 끝나는 단순 과거 변화를 하며 모두 악센트가 없습니다.

왕초보 탈출 팁

ver 동사는 -er로 끝나는 단순과거 규칙 변화를 하지만 강세를 표기하지 않습니다.

 단어

cine 영화관
manzana 사과
primo 사촌
dar una fiesta 파티를 열다
por allí 저곳으로, 저쪽으로
mueble 가구 🔊
decidir 결심하다
dar un paseo 산책을 하다

 공부한 내용을 확인해 보세요!

❶ Elena _____ (ver) nuevos muebles y _____ (decidir) comprarlos. 엘레나는 새로운 가구들을 보았고 그것들을 구매하기로 결심했다.

❷ Mi padre _____ (dar) un paseo por una hora. 우리 아버지는 한 시간 동안 산책을 하셨다.

정답
① vio / decidió　② dio

🎧 MP3 05-05 들어 보기　🎤 MP3 05-06 말해 보기

3

Juan pidió una ensalada de salmón.

후안은 연어 샐러드를 주문했다.

⭐ 현재형에서 e → i로 어간 모음이 변화하는 동사의 단순과거형

-ir로 끝나고 현재형에서 e → i로 어간 모음이 변화하는 동사는 단순과거형에서 3인칭
단수 및 복수형의 어간이 e → i로 변화합니다. 두 개를 연결했을 때 슈즈와 같은 모양이
라고 해서 슈즈 폼이라고도 부릅니다.

📖 **servir** 섬기다, 봉사하다 (슈즈 폼)

serví	servimos
serviste	servisteis
sirvió	sirvieron

⭐ 주의해야 하는 동사들

dormir와 morir 동사는 3인칭 단수 및 복수형에서 각각 e → u, o → u로 변화되는
것에 주의해야 합니다.

📖 **dormir** 자다

yo	dormí	nosotro(a)s	dormimos
tú	dormiste	vosotro(a)s	dormisteis
él / ella / usted	durmió	ellos / ellas / ustedes	durmieron

📖 **morir** 죽다

yo	morí	nosotro(a)s	morimos
tú	moriste	vosotro(a)s	moristeis
él / ella / usted	murió	ellos / ellas / ustedes	murieron

공부한 내용을 확인해 보세요!

❶ Tú _____ (dormir) 5 horas anteayer.　너는 그저께 5시간 잤다.

❷ Mi abuelo _____ (morir) hace 10 años.　우리 할아버지는 10년
전에 돌아가셨어.

🌿 **sevir 동사의 현재형**

1, 2, 3인칭 단수 및 3인칭 복수형
의 어간이 e → i로 변화됩니다.
(부츠 폼)

sirvo	servimos
sirves	servís
sirve	sirven

🌿 **왕초보 탈출 팁**

3인칭 단수 및 복수형에서 어간이
e → i로 변화하는 동사들을 살펴
봅시다.

📖 sentir 느끼다
　pedir 주문하다, 요청하다
　seguir 따르다, 계속하다
　conseguir 얻다, 달성하다
　preferir 선호하다
　repetir 반복하다

 단어

ensalada de salmón 연어
　샐러드
anteayer 그저께
abuelo 할아버지

 정답
① dormiste　② murió

Sandra me repitió algunos detalles.

산드라는 나에게 몇 가지 세부사항을 반복해서 말해 주었다.

★ 부정어

부정어(indefinidos)는 특정 대상이 정해지지 않은 말을 의미하며, 스페인어에서 가장 대표적인 여섯 가지 부정어는 다음과 같습니다.

	긍정형	부정형
대명사: 사물	**algo** 어떤 것, 무언가 (something)	**nada** 아무것도 ~ 아니다, 아무것도 ~ 없다 (nothing)
대명사: 사람	**alguien** 누군가 (someone)	**nadie** 아무도 ~ 아니다, 아무도 ~없다 (nobody)
형용사: 사물, 사람	**alguno** 어떤 것, 누군가 (someone, some)	**ninguno** 아무것도, 어떤 사람도 (no one, none)

1. algo / nada

🗨 **A:** ¿Algo más? 더 필요한 거 있어요?
B: Nada más. Gracias. 없어요. 고마워요.

A: ¿Has comido algo? 뭐 좀 먹었니?
B: No, no he comido nada. 아니, 아무것도 안 먹었어.

2. alguien / nadie

🗨 **A:** ¿Hay alguien en la oficina? 사무실에 누군가가 있나요?
B: No, no hay nadie. 아니요, 아무도 없습니다.

3. alguno / ninguno

🗨 **A:** ¿Hay algún problema? 무슨 문제 있습니까?
B: No, no hay ningún problema. 아니요, 아무 문제 없습니다.

공부한 내용을 확인해 보세요!

❶ **A:** ¿Comiste ＿＿＿＿＿? 너 뭐 좀 먹었니?

❷ **B:** No, no comí ＿＿＿＿. 아니요, 아무것도 안 먹었어요.

왕초보 탈출 팁

alguno와 ninguno는 남성 단수명사 앞에서 o가 탈락된 algún과 ningún으로 각각 형태가 변화됩니다.

🗨 Algún día voy a viajar a Colombia. 언젠가 나는 콜롬비아로 여행 갈 거야.

Ningún sistema de seguridad es completamente seguro. 어떤 보안 시스템도 완벽하게 안전하지는 않다.

왕초보 탈출 팁

스페인어에서는 완료된 동작이라 하더라도 현재완료를 사용해서 근접한 과거를 표현합니다.

🗨 **A:** ¿Has desayunado? 너 아침 먹었니?

B: Sí, he desayunado. 응, 먹었어.

No, no he desayudado. 아니, 안 먹었어.

단어

detalle 세부사항, 내역 🔵
más 더, 한층, 더 많이
oficina 사무실
problema 문제 🔵
sistema 시스템
seguridad 안전
desayunar 아침 식사를 하다

정답

① algo　② nada

Dependiente ¿Quiere pedir?

Antonio Póngame❶ un perrito caliente y una Coca-Cola❷ grande.

Dependiente ¿Para comer aquí o para llevar?

Antonio Para comer aquí, por favor.

회화Tip

❶ Póngame~는 직역하면 '제게 놓아 주세요'라는 의미로 음식을 주문할 때 많이 쓰이는 자연스러운 표현입니다.
'~을 주세요'라는 의미가 있는 Deme~라고 할 수도 있습니다.

　예 Deme una ensalada de tomate. 토마토 샐러드 주세요.

❷ 음료를 주문할 때에는 '코카콜라', '스프라이트' 등 브랜드명을 사용하면 됩니다.

점원	주문하시겠습니까?
안토니오	핫도그 하나와 코카콜라 큰 것으로 하나 주세요.
점원	드시고 가세요? 아니면 포장이세요?
안토니오	먹고 갈게요.

단어

pedir 주문하다, 요청하다
perrito caliente 핫도그

poner 놓다, 두다
Coca-Cola 코카콜라

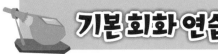

기본 회화 연습

🎧 **MP3** 05-11 들어 보기　🎤 **MP3** 05-12 말해 보기

> **Q**: ~은(는) 어땠어? **¿Cómo fue ~?**
> **A**: ~이었어 **Fue ~**

Q: ¿Cómo fue **el examen?** 시험은 어땠어?

A: Fue **difícil.** 어려웠어.
　　Fue **fácil.** 쉬웠어.

Q: ¿Cómo fue **la fiesta?** 파티는 어땠어?

A: Fue **divertida.** 재미있었어.

Q: ¿Cómo fue **la clase?** 수업은 어땠어?

A: Fue **interesante.** 흥미로웠어.

> **~은(는) 아무데도 쓸모가 없다 ~no sirve para nada**

La ficción no sirve para nada. 허구는 아무데도 쓸모가 없다.

La monarquía no sirve para nada. 군주제는 아무데도 쓸모가 없다.

Esto no sirve para nada. 이것은 아무데도 쓸모가 없다.

단어

examen 시험 🔵　　　　　**difícil** 어려운　　　　　　　**fácil** 쉬운
divertido 재미있는, 즐거운　**interesante** 흥미로운, 재미있는　**ficción** 허구, 픽션
monarquía 군주제, 왕정　**esto** 이것(지시형용사 este의 중성형)

66

1 빈칸에 들어갈 알맞은 단순과거 동사 형태를 적으세요.

1 A: **¿Adónde fuiste durante las vacaciones de verano?**

여름 방학 동안 어디 갔었어?

B: _____ **a la República Dominicana.** 도미니카 공화국에 갔었어.

2 A: **¿Cómo _____ la entrevista?** 인터뷰는 어땠어?

B: **La entrevista _____ larga y complicada.** 인터뷰는 길고 복잡했어.

3 A: **¿Qué le _____ a tu hermana menor?** 여동생에게 무엇을 줬니?

B: **Yo le _____ la llave de coche.** 자동차 열쇠를 줬어.

2 빈칸에 들어갈 알맞은 말을 고르세요.

1 **¿Qué _____ tú?** 너는 뭘 주문했니?

① pediste   ② pedisteis   ③ pedimos   ④ pidió

2 **Mi abuelo _____ hace 5 años.** 우리 할아버지는 5년 전에 돌아가셨다.

① morimos   ② murió   ③ muere   ④ morí

3 **Anteayer, _____ una telenovela coreana.** 그저께 나는 한국 드라마를 봤다.

① vio   ② vi   ③ viste   ④ veo

Día 06

¿Cuándo vinieron ustedes a Corea?

당신들은 언제 한국에 오셨어요?

월   일

MP3와 강의를
들어 보세요

공부 순서

동영상 강의
☐ ☐ ☐

본책
☐ ☐ ☐

복습용 동영상
☐ ☐ ☐

단어장
☐ ☐ ☐

단어 암기 동영상
☐ ☐ ☐

핵심 문장 익히기

1

Josefina estuvo en el parque ayer.

호세피나는 어제 공원에 있었다.

★ 단순과거 어간 불규칙동사

어간이 불규칙하게 변화하는 동사들은 크게 세 가지로 나누어 볼 수 있습니다.

★ u 어간 불규칙 단순과거형

tener 가지다

yo	tuve	nosotro(a)s	tuvimos
tú	tuviste	vosotro(a)s	tuvisteis
él / ella / usted	tuvo	ellos / ellas / ustedes	tuvieron

 Mi hijo tuvo un accidente. 우리 아들은 사고를 당했다.

★ u 어간 불규칙동사들

동사 원형	u 불규칙 어간	단순과거형
poder ~할 수 있다	pud-	pude, pudiste, pudo, pudimos, pudisteis, pudieron
poner 놓다, 두다	pus-	puse, pusiste, puso, pusimos, pusisteis, pusieron
saber 알다, 알고 있다	sup-	supe, supiste, supo, supimos, supisteis, supieron
estar ~하다, ~에 있다	estuv-	estuve, estuviste, estuvo, estuvimos, estuvisteis, estuvieron

 공부한 내용을 확인해 보세요!

❶ Ayer, Margarita _____ (estar) en casa todo el día.
어제 마르가리타는 하루 종일 집에 있었다.

❷ Ellos no _____ (poder) superar el obstáculo. 그들은
장애물을 극복할 수 없었다.

---

 tener que + 동사원형

tener que에 동사원형을 연결하면 '~해야만 한다'라는 의무 표현이 됩니다.

📍 Ayer tuve que ir a la reunión, pero no pude ir.
어제 회의에 가야만 했다. 그러나 갈 수 없었다.

 단어

hijo 아들
reunión 회의, 모임
todo el día 하루 종일
superar 극복하다, 능가하다
obstáculo 장애물, 방해

정답
① estuvo ② pudieron

2

¿Cuándo vinieron ustedes a Corea?

당신들은 언제 한국에 오셨어요?

⭐ i 어간 불규칙 단순과거형

venir 오다

yo	vine	nosotro(a)s	vinimos
tú	viniste	vosotro(a)s	vinisteis
él / ella / usted	vino	ellos / ellas / ustedes	vinieron

예 **A:** ¿A qué viniste aquí? 여기 무슨 일로 왔어?
B: Vine a ver al director. 사장님을 만나러 왔어.

⭐ i 어간 불규칙동사들

동사 원형	i 불규칙 어간	단순과거형
querer 원하다, 바라다	quis-	quise, quisiste, quiso, quisimos, quisisteis, quisieron
hacer 하다, 만들다	hic-	hice, hiciste, hizo, hicimos, hicisteis, hicieron

예 **A:** ¿Qué hiciste ayer? 너 어제 뭐했니?
B: Hice una compra por Internet. 인터넷 쇼핑했어.

 왕초보 탈출 팁

hacer는 발음 유지를 위해 3인칭 단수형에서 c → z로 철자가 변화되기 때문에 주의해야 합니다.

 단어

aquí 여기, 이곳에
director 사장, 감독
hacer una compra por Internet 인터넷 쇼핑하다
hablar con ~와 대화하다
nada 없음, 아무것도
semana 주, 주간

 공부한 내용을 확인해 보세요!

❶ Esteban _____ (venir) a hablar con Diana.   에스테반은
디아나와 대화하려고 왔다.

❷ Elena no _____ (hacer) nada por una semana.   엘레나
는 한 주 동안 아무것도 하지 않았다.

정답
① vino ② hizo

핵심 문장 익히기

3

¿Qué trajeron ellos a la fiesta?

그들은 파티에 뭘 가져 왔니?

★ j 어간 불규칙 단순과거형

decir 말하다

yo	dije	nosotro(a)s	dijimos
tú	dijiste	vosotro(a)s	dijisteis
él / ella / usted	dijo	ellos / ellas / ustedes	dijeron

🗣 Ella dijo que sí.　그녀는 그렇다고 말했다.

★ j 어간 불규칙동사들

동사 원형	j 불규칙 어간	단순과거형
traer 가져오다	traj-	traje, trajiste, trajo, trajimos, trajisteis, trajeron
conducir 운전하다, 운송하다	conduj-	conduje, condujiste, condujo, condujimos, condujisteis, condujeron
traducir 번역하다	traduj-	traduje, tradujiste, tradujo, tradujimos, tradujisteis, tradujeron
producir 생산하다, 제조하다	produj-	produje, produjiste, produjo, produjimos, produjisteis, produjeron

🗣 Juan y Manolo trajeron dos computadoras.　후안과 마놀로는 컴퓨터 두 대를 가져왔다.

공부한 내용을 확인해 보세요!

❶ Nosotros _____ (traducir) la novela juntos.　우리들은 그 소설을 함께 번역했다.

❷ Juan no _____ (decir) nada.　후안은 아무 말도 하지 않았다.

 단어

computadora 컴퓨터
novela 소설
juntos 함께

 정답

① tradujimos　② dijo

4

Los estudiantes leyeron muchos libros.

학생들은 많은 책을 읽었다.

★ 3인칭 복수를 제외하고 전체 강세가 있는 단순과거형

본 유형의 경우 발음의 용이성을 위해 어간에 y를 첨가하여 동사가 변화됩니다.

	leer 읽다	**creer** 믿다	**oír** 듣다
yo	leí	creí	oí
tú	leíste	creíste	oíste
él / ella / usted	leyó	creyó	oyó
nosotro(a)s	leímos	creímos	oímos
vosotro(a)s	leísteis	creísteis	oísteis
ellos / ellas / ustedes	leyeron	creyeron	oyeron

왕초보 탈출 팁

불규칙 변화 동사들이라 하더라도 그 나름의 공통되는 변화 규칙이 있습니다. 유사한 변화 형태를 보이는 불규칙 동사들을 함께 그룹으로 묶어서 암기하면 좀 더 수월하게 습득할 수 있습니다.

★ 발음 유지를 위해 1인칭 단수형의 철자가 바뀌는 단순과거형

	buscar 찾다	**pagar** 지불하다	**empezar** 시작하다
yo	busqué	pagué	empecé
tú	buscaste	pagaste	empezaste
él / ella / usted	buscó	pagó	empezó
nosotro(a)s	buscamos	pagamos	empezamos
vosotro(a)s	buscasteis	pagasteis	empezasteis
ellos/ ellas/ ustedes	buscaron	pagaron	empezaron

발음 유지

buscar, pagar, empezar 등의 동사는 단순과거형으로 변화할 때 발음 유지를 위해 1인칭 단수형의 철자가 바뀝니다.
때 ca[까] 발음 유지 → que[께]
　　ga[가] 발음 유지 → gue[게]
　　za[싸] 발음 유지 → ce[쎄]

단어

estudiante 학생
información 정보
presentar 발표하다, 소개하다
informe 보고서 ⑱

공부한 내용을 확인해 보세요!

❶ Ellos _____ (buscar) la información por Internet.
그들은 인터넷으로 정보를 검색했다.

❷ Yo _____ (empezar) a presentar el informe.　나는 보고서를
발표하기 시작했다.

정답

① buscaron ② empecé

도전! 실전 회화

🎧 **MP3** 06-09 들어 보기 🎤 **MP3** 06-10 말해 보기

 Camarero Buenas tardes. ¿Qué le pongo?

 Olivia Deme esto.

 Camarero ¿Cómo desea el bistec?❶

 Olivia Bien hecho,❷ por favor.

 Camarero ¿Algo para beber?

 Olivia Agua con gas, por favor.

 Camarero ¿Necesita algo más?

 Olivia Más servilletas, por favor.

 회화Tip

❶ "스테이크 굽기는 어떻게 해 드릴까요?"라는 질문에 대해서 "살짝 익혀 주세요."라고 답변하고 싶을 때에는 'poco(조금)'을 사용하여 "Poco hecho, por favor."라고 표현할 수 있습니다.

마찬가지로 소금을 적게 넣고 싶은 경우에는 "Poca sal, por favor."라고 할 수 있고 "Menos sal, por favor."도 많이 쓰입니다. 유사한 표현으로는 "Sin sal, por favor.(소금은 빼 주세요.)"가 있습니다.

❷ "¡Bien hecho!"는 상대방을 칭찬할 때 "잘했다!", "잘했어요!"라는 의미로도 많이 사용됩니다.

웨이터	안녕하세요. 뭘 드릴까요?
올리비아	이걸로 할게요.
웨이터	비프 스테이크는 어떻게 해 드릴까요?
올리비아	잘 익혀 주세요.
웨이터	마실 것은 어떤 걸로 하실래요?
올리비아	탄산수 주세요.
웨이터	더 필요한 것 있으세요?
올리비아	냅킨 좀 더 주세요.

단어

desear 원하다, 바라다	bistec 비프 스테이크 남	bien hecho (스테이크 등을) 잘 익힌
algo 어떤 것, 무언가	para + 동사원형 ~하기 위해서	beber 마시다
agua con gas 탄산수	Más ~, por favor. ~더 주세요.	servilleta 냅킨
sal 소금 여	menos 더 적게, 덜 분 더 적은 형	sin ~없이, ~없는

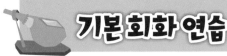

기본 회화 연습

🎧 MP3 06-11 들어 보기　🎤 MP3 06-12 말해 보기

나는~도착했다 Llegué~

Llegué tarde.　나는 늦게 도착했다.

Llegué temprano.　나는 일찍 도착했다.

Llegué al Palacio Real de Madrid.　나는 마드리드 왕궁에 도착했다.

~이(가) 있었다 Hubo~

Hubo un accidente.　사고가 있었다.

Hubo un incendio.　화재가 있었다.

Hubo un terremoto en México.　멕시코에 지진이 있었다.

너는~뭘 했니? ¿Qué hiciste~?

¿Qué hiciste hoy por la mañana?　너는 오늘 아침에 뭘 했니?

¿Qué hiciste el mes pasado?　너는 지난달에 뭘 했니?

¿Qué hiciste ayer?　너는 어제 뭘 했니?

나는~을(를) 했어 Hice~

Hice la tarea de la clase de biología.　생물학 수업 숙제를 했어.

Hice un viaje a Inglaterra.　영국으로 여행을 갔어.

Ayer no hice nada.　어제 나는 아무것도 안 했어.

1 빈칸에 들어갈 알맞은 단순과거 동사 형태를 적으세요.

1 A: **¿Cuánto pagaste por tu camisa?** 너는 셔츠 사는 데 얼마를 냈니?

   B: _____ **30 dólares.** 30달러 냈어.

2 A: **¿Dónde _____ la llave?** 너는 열쇠를 어디에 놓았니?

   B: **La _____ en el escritorio.** 책상 위에 놓았어.

3 A: **¿Quién _____ la tesis?** 누가 논문을 번역했니?

   B: **Carlos y Ana la _____.** 카를로스와 아나가 번역했어.

2 빈칸에 들어갈 알맞은 말을 고르세요.

1 **José _____ la maleta.** 호세는 짐을 꾸렸다.

   ① hace   ② hacía   ③ hizo   ④ haciendo

2 **El camarero nos _____ más carne.** 웨이터가 우리에게 고기를 더 가져다 주었다.

   ① trajo   ② trae   ③ traía   ④ traerá

3 **Los bebés _____ a llorar.** 아기들은 울기 시작했다.

   ① empezaban   ② empienzan

   ③ empezaron   ④ empezar

Día 07

Mi abuela era muy sociable.

우리 할머니는 매우 사교적인 분이셨어.

월   일

MP3와 강의를
들어 보세요

¡Hola!

공부 순서

동영상 강의

본책

복습용 동영상

단어장

단어 암기 동영상

핵심 문장 익히기

🎧 MP3 07-01 들어 보기　🎤 MP3 07-02 말해 보기

1

Mi abuela era muy sociable.

우리 할머니는 매우 사교적인 분이셨어.

★ 불완료과거 불규칙형

스페인어에서 과거의 습관이나 지속되고 반복된 행위나 사건을 표현할 때 사용하는 불완료과거 불규칙형은 다음의 세 가지 동사(ser, ver, ir)가 전부입니다.

➡ 불완료과거의 구체적인 용법 42쪽

ser ~이다

yo	era	nosotro(a)s	éramos
tú	eras	vosotro(a)s	erais
él / ella / usted	era	ellos / ellas / ustedes	eran

예 La casa era pequeña y tenía dos dormitorios. 그 집은 작았고 방이 두 개 있었다.

El protagonista de la novela era tacaño. 소설의 주인공은 인색한 사람이었다.

ver 보다

yo	veía	nosotro(a)s	veíamos
tú	veías	vosotro(a)s	veíais
él / ella / usted	veía	ellos / ellas / ustedes	veían

예 Cuando era pequeño, veía mucho la televisión. 내가 어렸을 때 텔레비전을 많이 보곤 했다.

Juan siempre veía el paisaje por la ventana. 후안은 항상 창문 너머로 풍경을 보곤 했다.

공부한 내용을 확인해 보세요!

❶ Cuando tú _____ (ser) pequeño, comías muchos dulces. 네가 어렸을 때, 단 것을 많이 먹었었다.

❷ A veces nosotros _____ (ver) una película de acción. 우리들은 가끔 액션 영화를 보곤 했다.

 왕초보 탈출 팁

'내가 어렸을 때'라는 표현으로 Cuando era pequeño(a) 대신에 De pequeño(a)라고 표현할 수 있습니다.

예 De pequeña, era muy tímida. 어렸을 때 나는 매우 소심했었다.

 단어

sociable 사교적인
dormitorio 방, 침실
protagonista 주인공 📚 예
tacaño 인색한 📚 인색한 사람 📚
paisaje 풍경
dulce 단 것 📚 달콤한 📚 📚 예
película de acción 액션 영화

 정답

① eras ② veíamos

2

Vosotros ibais al teatro todos los viernes.

너희들은 매주 금요일마다 극장에 가곤 했었다.

ir 가다

yo	iba	nosotro(a)s	íbamos
tú	ibas	vosotro(a)s	ibais
él / ella / usted	iba	ellos / ellas / ustedes	iban

★ ir의 불완료과거형 + a + 장소: ~으로 가곤 했다

ir의 불완료과거형 뒤에 전치사 a와 장소가 오면 '~쪽으로 가곤 했다, ~쪽으로 가고 있었다'와 같은 과거의 습관적인 행위나 과거에 진행 중인 행위를 나타냅니다.

 Carlos iba a la montaña todos los sábados. 카를로스는 매주 토요일마다 산에 가곤 했다.

Ellos iban al café después de la escuela. 그들은 방과 후에 카페에 가곤 했다.

★ ir의 불완료과거형 + a + 동사원형: ~하려고 했었다

이 표현은 과거에 이행하지 못한 행위를 나타낼 때 사용하며 '~하려고 했었지만 하지 못했다'라는 의미를 나타냅니다.

 Vosotros ibais a terminar la tarea. 너희들은 숙제를 끝마치려고 했었다. (그러나 끝내지 못했다.)

Iba a llamarte por teléfono. 나는 너에게 전화하려고 했어. (그러나 전화하지 못했어.)

공부한 내용을 확인해 보세요!

❶ Ellos _____ (ir) al centro comercial los fines de semana.
그들은 주말마다 쇼핑몰에 가곤 했다.

❷ Yo _____ (ir) a terminar el proyecto, pero no pude.
나는 프로젝트를 끝내려 했지만 하지 못했다.

🌺 **왕초보 탈출 팁**

'ir의 현재형 + a + 장소'는 '~으로 간다'입니다.

 Tú vas a la panadería todos los lunes. 너는 월요일마다 빵 가게에 간다.

Mis padres van a la florería. 우리 부모님은 꽃 가게에 가신다.

🌺 **왕초보 탈출 팁**

'ir의 현재형 + a + 동사원형'은 '~할 것이다'입니다.

 Voy a enviar un e-mail. 나는 이메일을 보낼 것이다.

Ellos van a bailar el tango. 그들은 탱고를 출 것이다.

👑 **단어**

teatro 극장, 연극
montaña 산
después de ~이후에
terminar 끝내다, 끝나다
tarea 과제, 숙제
bailar el tango 탱고를 추다
centro comercial 쇼핑몰
proyecto 프로젝트

 정답
① iban　② iba

🎧 **MP3** 07-05 들어 보기　🎤 **MP3** 07-06 말해 보기

3

Rafael solía dormir después de comer.

라파엘은 식사 후에 잠을 자곤 했었다.

★ soler의 현재형

'soler 현재형 + 동사원형'은 '자주 ~하다, ~한 습관을 가지고 있다'라는 표현으로 현재의 습관적인 행위를 나타낼 때 쓰입니다.

yo	suelo	nosotro(a)s	solemos
tú	sueles	vosotro(a)s	soléis
él / ella / usted	suele	ellos / ellas / ustedes	suelen

 Ellas suelen llegar tarde. 그녀들은 자주 늦게 도착한다.

Yo suelo desayunar abundantemente. 나는 늘 아침 식사를 든든히 한다.

★ soler의 불완료과거형

'soler 불완료과거형 + 동사원형'은 '자주 ~하곤 했었다, ~한 습관을 가지고 있었다'라는 표현으로 과거의 습관적인 행위를 나타낼 때 쓰입니다.

yo	solía	nosotro(a)s	solíamos
tú	solías	vosotro(a)s	solíais
él / ella / usted	solía	ellos / ellas / ustedes	solían

 Juan y José solían desayunar muy tarde. 후안과 호세는 아침 식사를 매우 늦게 하곤 했다.

Ellos solían tomar un café por las tardes. 그들은 오후에 자주 커피를 마시곤 했다.

공부한 내용을 확인해 보세요!

❶ De pequeño, yo _____ (soler) jugar al tenis. 어릴 적에 나는 테니스를 자주 치곤 했다.

❷ Cuando teníamos 30 años, _____ (soler) beber mucho. 우리들이 서른 살이었을 때, 술을 많이 마셨었다.

🌿 hay 동사의 불완료과거형

'~이 있다'라는 의미로 영어의 There is/are와 동일하게 사용되는 hay의 불완료과거형은 había입니다. había는 현재형에서와 마찬가지로 뒤에 나오는 명사의 수와 관계없이 '~이 있었다'라는 의미로 사용됩니다. 뒤이어 복수명사가 나오더라도 habían을 사용하지 않도록 주의가 필요합니다.

 Había una farmacia en el centro. 시내에는 약국이 하나 있었다.

Había muchos niños en el parque. 공원에는 많은 아이들이 있었다.

👑 단어

tarde 늦게, 오후
abundantemente 풍부히, 푸짐하게, 많이
desayunar 아침 식사를 하다
de pequeño(a) 어릴 적에
jugar al tenis 테니스를 치다

정답

① solía　② solíamos

4

Antes nos gustaba ver las películas.

예전에 우리들은 영화 보는 것을 좋아했었다.

★ gustar 동사의 불완료과거형

역구조 동사인 gustar의 불완료과거형은 직역하면 '기쁨을 주었다, 즐거움을 주었다'
라는 의미로, '~을 좋아했었다'라고 자연스럽게 해석해 주면 됩니다.

a mí	me gustaba	a nosotro(a)s	nos gustaba
a ti	te gustaba	a vosotro(a)s	os gustaba
a él / a ella / a usted	le gustaba	a ellos / a ellas / a ustedes	les gustaba

gustar 동사 구문 1 Me gustaba + 단수명사: 나는 ~을 좋아했었다

'간접목적격 대명사 + gustaba + 정관사 + 단수명사'의 구조이며 간접목적격 대명사
가 의미상의 주어 역할을 합니다.

Me	gustaba	el maíz.	나는 옥수수를 좋아했었다.
나에게	기쁨을 주었다	옥수수가	

예 Te gustaba la sandía. 너는 수박을 좋아했었다.

gustar 동사 구문 2 Me gustaba + 동사원형: 나는 ~하는 것을 좋아했었다

Me gustaba 다음에 여러 개의 동사가 나와도 3인칭 단수형인 gustaba를 사용
합니다.

Me	gustaba	cantar.	나는 노래하는 것을 좋아했었다.
나에게	기쁨을 주었다	노래하는 것이	

예 Antes te gustaba ir al lago y charlar conmigo. 예전에 너는 호수에 가서 나와
함께 이야기하는 것을 좋아했었다.

공부한 내용을 확인해 보세요!

❶ Cuando vivía en Suiza, me _____ (gustar) llamar
por teléfono a mi amigo. 내가 스위스에 살았을 때, 나는 친구에게 전
화하는 걸 좋아했었다.

❷ Antes no les _____ (gustar) el jugo de naranja. 예전에
그들은 오렌지 주스를 좋아하지 않았었다.

 Me gustaban + 복수명사

좋아하는 대상이 복수일 경우에
'나는 ~들을 좋아했었다'라는 의
미로 사용합니다.

예 Me gustaban la ciencia y
la música. 나는 과학과 음악
을 좋아했었다.

 단어

maíz 옥수수 🔵
sandía 수박
lago 호수
charlar 이야기하다, 잡담하다
conmigo 나와 함께
ciencia 과학
música 음악
jugo de naranja 오렌지 주스

 정답
① gustaba ② gustaba

 Antonio　Oye, Olivia. ¿Qué te gustaba hacer cuando eras niña?

 Olivia　Me gustaba mucho tocar el violín, ¿y tú?

 Antonio　Me gustaba jugar al fútbol. Solía jugarlo casi todos los sábados.

 Olivia　¿Sueles jugarlo todavía?

 Antonio　No, ahora no me gusta hacer ejercicios.

스페인 및 중남미 사람들은 축구 등 운동 경기에 관한 관심이 매우 많습니다. 'Copa Mundial(월드컵)', 'Juegos Olímpicos(올림픽)' 등과 같이 특히 세계적인 규모로 열리는 운동 경기에 대한 단어들을 잘 익혀 두면 회화에 유용하게 사용할 수 있습니다.

안토니오   올리비아, 너는 어릴 적에 뭐 하는 걸 좋아했니?

올리비아   나는 바이올린 켜는 걸 좋아했었어. 너는?

안토니오   나는 축구하는 걸 좋아했었어. 거의 매주 토요일마다 축구를 하곤 했었지.

올리비아   아직도 축구를 자주 하니?

안토니오   아니, 이제는 운동하는 걸 안 좋아해.

단어

tocar el violín 바이올린을 켜다
todavía 아직도, 아직까지도

todos los sábados 매주 토요일마다
hacer ejercicios 운동을 하다

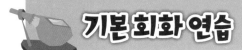

기본 회화 연습

🎧 **MP3** 07-11 들어 보기   🎤 **MP3** 07-12 말해 보기

~은(는) 있었다(구체적인 사람이나 사물을 지칭할 때) 주어 + estar의 불완료과거

Marisol estaba en la sala de estar. 마리솔은 거실에 있었다.

La casa de mi abuelo estaba en Nueva York. 우리 할아버지
댁은 뉴욕에 있었다.

Rafael y sus amigos estaban conmigo. 라파엘과 그의 친구들은
나와 함께 있었다.

나는 자주 ~ 했었다 Solía + 동사원형

Antes solía perder cosas. 예전에 나는 물건을 자주 잃어버렸었다.

Cuando yo era estudiante, solía hablar mucho con mi madre. 내가 학생이었을 때, 어머니와 대화를 자주 했었다.

Solía nadar en la piscina el verano pasado. 나는 지난여름에
수영장에서 수영을 많이 했었다.

우리는 ~하는 것을 좋아했었다 Nos gustaba + 동사원형

Nos gustaba comer juntos. 우리는 같이 식사하는 걸 좋아했었다.

Nos gustaba visitar la casa de mis abuelos los fines de semana. 우리는 주말마다 조부모님 댁에 가는 것을 좋아했었다.

Nos gustaba preparar comidas. 우리는 식사 준비하는 것을 좋아했었다.

---

sala de estar 거실	**conmigo** 나와 함께	**perder cosas** 물건을 잃어버리다
piscina 수영장	**el verano pasado** 지난여름에	**juntos** 함께
abuelos 조부모님	**comida** 음식, 식사	

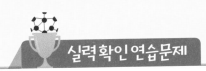

1 빈칸에 들어갈 알맞은 불완료과거 동사 형태를 적으세요.

1 A: **¿Dónde _____ de niño?** 네가 어릴 적에 어디에 살았었니?

   B: **_____ en Guatemala.** 과테말라에 살았었어.

2 A: **¿Cómo _____ Elena, cuándo _____ estudiante?**

   엘레나는 어떤 학생이었어?

   B: **Ella _____ una estudiante lista y extrovertida.**

   엘레나는 영리하고 외향적이었어.

3 A: **¿Qué _____ en tu tiempo libre antes?**

   예전에 너희들은 쉬는 시간에 뭘 했었니?

   B: **Nosotras _____ hacer ejercicios.** 우리는 운동을 자주 했었어.

2 빈칸에 들어갈 알맞은 말을 고르세요.

1 **¿Adónde _____ después del trabajo?** 그들은 일 마치고 어디를 가곤 했었어?

   ① ibais   ② ibas   ③ iban   ④ iba

2 **Nos _____ charlar en el café.** 우리는 카페에서 수다 떨기를 좋아했었다.

   ① gustó   ② gustaban   ③ gustaba   ④ gustaron

3 **Mi madre _____ mucho cuando era joven.**

   나의 어머니는 젊었을 때 열심히 일하셨었다.

   ① trabaja   ② trabajo

   ③ trabajaba   ④ está trabajando

정답 **1** 1. Vivías / vivía 2. era / era / era 3. hacíais / solíamos
2 1. ③ 2. ③ 3. ③

Día 08
중간 점검
복습문제

지금까지 공부한 내용을 문제를 통해 확인해 보세요.
틀린 문제나 헷갈리는 문제는 그 내용을 공부했던
페이지로 돌아가 한 번 더 복습해 주세요.

 Día 02

→ 정답은 180쪽

1 보기 와 같이 각 문장의 현재시제를 단순과거 형태로 바꾸세요.

> 보기   Sara empieza a cantar. 사라는 노래를 부르기 시작한다.
>
> → Sara empezó a cantar. 사라는 노래를 부르기 시작했다.

1   Elena recibe un regalo muy bonito. 엘레나는 아주 예쁜 선물을 받는다.

→ _____

2   Ustedes ven una película española. 당신들은 스페인 영화를 본다.

→ _____

3   Tú dices la verdad. 너는 진실을 말한다.

→ _____

2 단어의 순서를 의미에 맞게 나열하여 문장을 완성해 보세요.

1   우리들은 그 레스토랑에서 식사를 잘 했다.   restaurante, el, en, bien, comimos

→ _____

2   주말 어떻게 보냈어?   cómo, el, semana, fin, de, pasaste, ¿~?

→ _____

3   그들은 2년간 파라과이에서 살았다.   en, 2 años, Paraguay, vivieron

→ _____

3 다음의 밑줄 친 동사를 재귀동사 단순과거형으로 만들어 문장을 완성해 보세요.

1   Ayer, Luisa <u>pintarse</u> los ojos. 어제 루이사는 눈화장을 했다.

→ _____

2   Romeo y Julieta <u>amarse</u> hasta la muerte. 로미오와 줄리엣은 죽을 때까지 서로를 사랑했다.

→ _____

3   Ellos <u>ayudarse</u> unos a otros. 그들은 서로 도왔다.

→ _____

→ 정답은 180쪽

 Día 03

1 빈칸에 들어갈 알맞은 불완료과거 동사 형태를 적으세요.

1 De niño, yo _____(nadar) en la piscina. 어렸을 때, 나는 수영장에서 수영을 하곤 했었다.

2 Antes mi familia y yo _____(cenar) a las ocho de la noche.

예전에 우리 가족과 나는 밤 8시에 저녁을 먹었었다.

3 Ellos _____(creer) que la Tierra era plana. 그들은 지구가 평평하다고 믿었다.

4 Mi abuela _____(ser) muy amable. 우리 할머니는 매우 친절한 분이셨다.

5 Cuando yo tenía 10 años, a veces _____(llegar) tarde a clase.

내가 열 살이었을 때, 가끔 수업에 늦곤 했다.

6 De niño, yo _____(querer) ser médico. 어렸을 때, 나는 의사가 되고 싶었다.

7 Julio _____(leer) una novela cuando sonó el teléfono.

전화기가 울렸을 때 훌리오는 소설을 읽고 있었다.

8 Cuando llegó la madre, el niño _____(gritar) en la habitación.

어머니가 도착했을 때, 아이는 방에서 소리를 지르고 있었다.

9 Nosotros _____(ver) una película cuando empezó a llover.

비가 오기 시작했을 때 우리들은 영화를 보고 있었다.

10 Cristina _____(estar) mirando la televisión cuando su hija se cayó al suelo.

그녀의 딸이 바닥에 떨어졌을 때 크리스티나는 텔레비전을 보고 있었다.

2 단어의 순서를 의미에 맞게 나열하여 문장을 완성해 보세요.

1 루이사는 파티에서 매우 행복했다. estaba, feliz, muy, en, fiesta, la, Luisa

→ _____

2 내 친구들과 나는 한 축구팀에서 뛰었었다. y, mis, yo, amigos, jugábamos, equipo, fútbol, un, en, de

→ _____

3 후안은 할아버지를 위해 치킨 수프를 만들곤 했었다. hacía, para, pollo, abuelo, Juan, su, sopa, de

→ _____

🌵 Día 04

→ 정답은 180쪽

1 보기 와 같이 각 문장의 단순과거를 불완료과거 형태로 바꾸세요.

> 보기 Juana comió en casa. 후아나는 집에서 식사를 했다.
>
> → Juana comía en casa. 후아나는 집에서 식사를 하고 있었다.

1 **Lidia esperó el autobús.** 리디아는 버스를 기다렸다.

→ _____

2 **Estudié periodismo.** 나는 저널리즘을 공부했다.

→ _____

3 **Enrique y su familia vivieron en los Estados Unidos.** 엔리케와 그의 가족은 미국에 살았다.

→ _____

4 **No gasté mucho dinero en ropa.** 나는 옷을 사는 데 많은 돈을 쓰지 않았다.

→ _____

2 보기 와 같이 각 문장의 불완료과거를 단순과거 형태로 바꾸세요.

> 보기 Vosotros ibais a la panadería después de la escuela.
> 너희들은 방과후에 빵 가게에 가곤 했었다.
>
> → Vosotros fuisteis a la panadería después de la escuela.
> 너희들은 방과후에 빵 가게에 갔다.

1 **Yo llamaba por teléfono a mi tío.** 나는 삼촌에게 전화를 걸고 있었다.

→ _____

2 **Isabel y yo íbamos a la fiesta.** 이사벨과 나는 파티에 가곤 했다.

→ _____

3 **Clara caminaba aproximadamente 10 kilómetros.** 클라라는 대략 10킬로미터를 걷곤 했다.

→ _____

4 **Nos quedábamos en un hotel.** 우리들은 호텔에 묵곤 했다.

→ _____

→ 정답은 180쪽

 Día 05

1 빈칸에 들어갈 알맞은 단순과거 동사 형태를 적으세요.

1 Yo quería ir contigo, pero no _____(poder). 나는 너와 함께 가고 싶었지만, 그럴 수가 없었다.

2 Los empleados _____(hacer) las maletas. 직원들은 짐을 꾸렸다.

3 Pablo y Josefina _____(ir) juntos al concierto. 파블로와 호세피나는 함께 콘서트에 갔다.

4 Ellos _____(dormir) diez horas. 그들은 10시간 동안 잠을 잤다.

2 다음의 밑줄 친 현재시제 동사를 단순과거형으로 만들어 문장을 완성해 보세요.

1 Daniel <u>pide</u> el plato del día. 다니엘은 오늘의 요리를 주문했다.

→ _____

2 La comida <u>está</u> muy rica. 음식이 아주 맛있었다.

→ _____

3 Mis amigos y yo <u>damos</u> una fiesta. 내 친구들과 나는 파티를 열었다.

→ _____

4 Elena <u>apaga</u> la luz. 엘레나는 불을 껐다.

→ _____

3 보기 와 같이 다음의 질문에 대한 답을 적으세요.

> 보기 Q: ¿Vas a almorzar con Luisa? 너는 루이사와 점심을 먹을 거니?
>
> A: Ya almorcé con Luisa. 나는 이미 루이사와 점심을 먹었어.

1 Q: ¿Vas a entregar la tarea? 너는 숙제를 제출할 거니?

A: _____

2 Q: ¿Vas a pagar la cuenta? 너는 계산할 거니?

A: _____

3 Q: ¿Vas a jugar al fútbol con tus amigos? 너는 너의 친구들과 축구를 할 거니?

A: _____

 Día 06 → 정답은 181쪽

1 보기 와 같이 각 문장의 현재시제를 괄호 안의 내용으로 바꾸어서 단순과거 형태로 만드세요.

> 보기 Usualmente estoy en casa los fines de semana. (estar en la librería)
> 나는 보통 주말에 집에 있다.
>
> → Pero ayer estuve en la librería. 그러나 어제는 서점에 있었다.

1 Usualmente vengo en metro. (en taxi) 나는 보통 지하철을 타고 온다.

→ _____

2 Usualmente me ducho por la noche. (por la mañana) 나는 보통 밤에 샤워를 한다.

→ _____

3 Usualmente pago con tarjeta de crédito. (en efectivo) 나는 보통 카드로 결제를 한다.

→ _____

4 Usualmente hago la compra por Internet. (en el supermercado) 나는 보통 인터넷으로 구매를 한다.

→ _____

2 빈칸에 들어갈 알맞은 단순과거 동사 형태를 적으세요.

1 A: ¿Qué _____(decir)? 너는 뭐라고 말했니?

B: Pues, no _____(decir) nada. 음, 아무 말도 안 했어.

2 A: ¿A qué hora _____(ir) al concierto? 콘서트에는 몇 시에 갔니?

B: Yo _____(ir) a las siete. 일곱 시에 갔어.

3 A: ¿Quién _____(hacer) la comida? 누가 요리를 했니?

B: Manuel y Daniela la _____(hacer). 마누엘과 다니엘라가 요리를 했어.

4 A: ¿Dónde _____(estar) tú el sábado por la tarde? 너는 토요일 오후에 어디에 있었니?

B: _____(estar) en el centro comercial. 나는 쇼핑몰에 있었어.

→ 정답은 181쪽

 Día 07

1 빈칸에 들어갈 알맞은 불완료과거 동사 형태를 적으세요.

1 Antes yo _____(ver) a Enrique todos los viernes. 예전에 나는 매주 금요일마다 엔리케를 봤었다.

2 Cuando Ana _____(ser) pequeña, _____(ir) a la playa con frecuencia.

아나가 어렸을 때, 해변에 자주 가곤 했었다.

3 Cuando salimos de la oficina, _____(ser) las siete. 우리가 사무실에서 나왔을 때, 일곱 시였다.

2 다음의 soler 동사의 현재시제 문장들을 불완료과거를 사용하여 과거시제로 바꾸세요.

1 Sueles dormir en el sofá. 너는 소파에서 잠을 자곤 한다.

→ _____

2 Suelo perder mis cosas. 나는 물건을 잘 잃어버리곤 한다.

→ _____

3 Mis primos suelen viajar a varios países extranjeros. 나의 사촌들은 해외 여러 나라를 여행하곤

한다.

→ _____

3 보기 와 같이 다음의 질문에 대해 부정으로 답하고 불완료과거를 사용하여 문장을 완성하세요.

> 보기 Q: ¿Vas al gimnasio este jueves? 너는 이번 주 목요일에 헬스장에 갈 거니?
>
> A: No, pero antes iba al gimnasio. 아니, 예전에는 헬스장에 갔었어.

1 Q: ¿Conduces tú? 너는 운전하니?

A: _____

2 Q: ¿Veis muchas películas? 너희들은 영화를 많이 보니?

A: _____

3 Q: ¿Van Elena y Luis a la biblioteca? 엘레나와 루이스는 도서관에 가니?

A: _____

Día 09

El banco ya había cerrado cuando llegué.

내가 도착했을 때 은행은 이미 닫혀 있었다.

월   일

MP3와 강의를
들어 보세요

¡Hola!

공부 순서

동영상 강의
☐ ☐ ☐

본책
☐ ☐ ☐

복습용 동영상
☐ ☐ ☐

단어장
☐ ☐ ☐

단어 암기 동영상
☐ ☐ ☐

핵심 문장 익히기

🎧 MP3 09-01 들어 보기   🎙 MP3 09-02 말해 보기

1

El banco ya había cerrado cuando llegué.

내가 도착했을 때 은행은 이미 닫혀 있었다.

★ 과거완료

과거완료의 형태는 'haber의 불완료과거형 + 과거분사' 형태로 이루어집니다.

➔ 과거분사 형태 복습 112쪽

	haber의 불완료과거형 + 과거분사	
yo	había	
tú	habías	
él / ella / usted	había	**hablado** 말하다
nosotro(a)s	habíamos	**+ comido** 먹다
vosotro(a)s	habíais	**vivido** 살다
ellos / ellas / ustedes	habían	

★ 과거완료의 용법

스페인어에서 과거완료는 과거에 발생한 다른 사건이나 특정한 과거 시점보다 이전에 있었던 일이나 행위를 나타낼 때 사용하는 시제입니다.

📍 Elena ya había salido cuando llegamos. 우리가 도착했을 때 엘레나는 이미 나갔다.

Antes de 2020, había vivido en Las Vegas. 2020년도 이전에 나는 라스베이거스에 살았다.

공부한 내용을 확인해 보세요!

❶ Yo ya _____ (cenar) cuando me llamaste. 네가 전화했을 때 나는 이미 저녁을 먹었어.

❷ El tren ya _____ (salir) cuando llegamos. 우리가 도착했을 때 기차는 이미 떠났다.

 단어

banco 은행
ya 이미
antes de ~전에, ~의 앞에
cenar 저녁 식사를 하다
tren 기차

 정답
① había cenado
② había salido

2

Cuando Juan me había llamado el lunes pasado, eran las tres de la madrugada.

후안이 지난 월요일에 나에게 전화했을 때는 새벽 세 시였다.

★ 스페인어 과거시제 비교

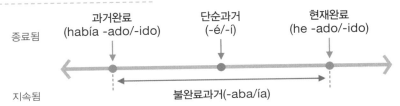

종료됨   과거완료 (había -ado/-ido)   단순과거 (-é/-í)   현재완료 (he -ado/-ido)

지속됨   불완료과거(-aba/ía)

스페인어의 과거시제는 크게 과거완료, 단순과거, 현재완료 및 불완료과거로 분류됩니다. 과거완료/단순과거/현재완료는 과거 어느 한 시점에 일어나 이미 완료된 행위나 상태를 나타내고, 불완료과거는 과거완료/단순과거/현재완료와 함께 쓰여서 사건이나 행위가 발생한 당시 상황을 묘사하고 설명하는 기능을 합니다.

★ 각 시제의 표현 구분

1. 과거완료 (특정한 과거보다 이전 과거)

📢 Cuando me había llamado la semana pasada, eran las tres de la madrugada.
지난주에 나에게 전화했을 때는 새벽 세 시였다.

2. 단순과거 (비교적 가까운 과거)

📢 Cuando me llamó ayer, eran las tres de la madrugada.
어제 나에게 전화했을 때는 새벽 세 시였다.

3. 현재완료 (오늘이나 현재와 관련된 과거)

📢 Cuando me ha llamado hoy, eran las tres de la madrugada.
오늘 나에게 전화했을 때는 새벽 세 시였다.

공부한 내용을 확인해 보세요!

Cuando _____ (subir) al coche ayer, eran las 5 de la tarde. 우리가 어제 차에 탔을 때는 오후 5시였다.

🌸 **왕초보 탈출 팁**

과거의 시각을 표현할 때에는 시간이 흘러가는 지속적인 상황을 묘사하는 것으로 보통 불완료과거를 사용합니다.

📢 Eran las 9 de la mañana y hacía viento. 오전 9시였고 바람이 불고 있었다.

👑 **단어**

semana pasada 지난주
madrugada 새벽
viento 바람
subir al coche 차에 타다

정답
subimos

3

 MP3 09-05 들어 보기   **MP3 09-06 말해 보기**

Tengo el libro que necesitas.

나는 네가 필요한 책을 갖고 있어.

★ 관계대명사 que의 용법

가장 많이 사용되는 일반적인 관계대명사로 단복수 동형이며, 사람과 사물에 모두 사용됩니다. 항상 선행사를 필요로 하며, 관계대명사 que 이하의 문장이 앞의 선행사(사람, 동물, 사물 등)를 수식해 줍니다.

예 La casa que tiene 5 habitaciones. 5개의 방이 있는 집.

Hay un evento internacional que tendrá lugar este sábado.
이번 주 토요일에 열리는 국제 행사가 있다.

El hombre que está en la tienda es mi primo. 상점에 있는 남자는 내 사촌이다.

★ 관계대명사 el que / la que / los que / las que의 용법

1. 문장 중간에 쓰이는 경우

관계대명사 el que / la que / los que / las que는 선행사절 명사(사람 또는 사물)의 성수에 따라 결정됩니다. 앞서 언급한 것이나 동일한 명사의 반복을 피하기 위해 사용되며, 관계대명사 앞의 선행사가 여러 개여서 어떤 것을 가리키는지를 분명히 해야 할 때에도 쓰입니다.

예 Elmer es el que gana mucho dinero. 엘메르는 돈을 많이 버는 사람이다.

Estos son los que hemos buscado. 이것들은 우리가 찾던 것들이다.

2. 문장 맨 앞에 쓰이는 경우

선행사 없이 문장 맨 앞에 쓰이는 경우에는 '~하는 사람(들)'로 해석되며 Quien(es)로 바꿀 수 있습니다.

예 El que habla mucho, sabe poco. 말을 많이 하는 사람은 아는 것이 적다.

Los que trabajan mucho, ganan mucho. 일을 많이 하는 사람들은 돈을 많이 번다.

 공부한 내용을 확인해 보세요!

❶ _____ habla mucho, sabe poco. 말을 많이 하는 사람은 아는 것이 적다.

❷ La revista _____ me regaló Juan. 후안이 내게 선물해 준 잡지.

 왕초보 탈출 팁

영어와는 달리 스페인어에서는 어떤 경우에도 관계대명사를 생략할 수 없습니다.

예 Ellos venden coches que cuestan mucho. (O)
Ellos venden coches cuestan mucho. (X)
그들은 매우 비싼 차를 판다.

 단어

evento internacional 국제 행사

hombre 남성, 남자

tienda 상점, 가게

primo 사촌

ganar dinero 돈을 벌다

정답
① El que ② que

4

Ricardo es el que me recomendó el hospital.

리카르도는 내게 그 병원을 추천한 사람이다.

★ 관계대명사 el cual / la cual / los cuales / las cuales의 용법

관계대명사 el cual / la cual / los cuales / las cuales는 각각 el que / la que / los que / las que를 대신하여 사용할 수 있습니다. 단, 선행사 없이는 사용이 불가하여 문장 맨 앞에 올 수 없습니다.

예 Ella es la que tiene la respuesta. (O) 그녀가 답을 가지고 있는 사람이다.
→ Ella es la cual tiene la respuesta. (O)

La que ves es la casa de Juan. (O) 네가 보고 있는 것이 후안의 집이야.
→ La cual ves es la casa de Juan. (X)

★ 관계대명사 quien / quienes의 용법

남녀의 구분이 없고 단복수만 있는 quien은 선행사로 사람을 받을 수 있고 문장 맨 앞에서 쓰일 경우에는 '~하는 사람(들)'로 해석됩니다.

예 Quien no llora, no mama. 우는 아이 젖 준다.
Quien habla mucho, sabe poco. 말을 많이 하는 사람은 아는 것이 적다.
= El que habla mucho, sabe poco.

공부한 내용을 확인해 보세요!

❶ Ellos son _____ aprobaron el examen. 그들은 시험에
통과한 사람들이다.

❷ _____ está presentando el proyecto se llama
Gabriel. 프로젝트를 발표하고 있는 사람은 가브리엘이다.

👑 단어

recomendar 추천하다
respuesta 대답, 회신
llorar 울다
mamar 젖을 빨다, 얻다
aprobar el examen 시험에
통과하다, 합격하다

정답
① los que 또는 los cuales
② El que 또는 Quien

 Antonio Olivia, ¿puedes ver a los estudiantes?

 Olivia ¿Los que están levantados allí?

 Antonio No, los que están sentados.

 Olivia Sí, los veo.

 Antonio Son los nuevos estudiantes del colegio.

 Olivia ¿En serio? Vamos a saludarlos.

보통 '~하고 있다'라는 스페인어 표현은 'estar + 현재분사'를 사용하는 것이 일반적이지만, '서 있다', '앉아 있다'
라는 표현을 할 때에는 'estar + 과거분사'를 사용합니다.

예 Elena está levantada. 엘레나는 서 있다.
　Juan está sentado. 후안은 앉아 있다.

[비교] Ellos están tomando un café con leche. 그들은 밀크커피를 마시고 있다.

안토니오　올리비아, 저 학생들 보이니?

올리비아　저기 서 있는 애들?

안토니오　아니, 앉아 있는 애들.

올리비아　응, 보여.

안토니오　고등학교 신입생들이야.

올리비아　정말? 가서 인사하자.

estar levantado(a) 서 있다　　　**estar sentado(a)** 앉아 있다　　　**colegio** 고등학교

en serio 진심으로, 진지하게　　　**saludar** 인사하다

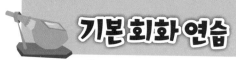

기본 회화 연습

🎧 MP3 09-11 들어 보기　🎤 MP3 09-12 말해 보기

…은(는) 이미 ~했었다　주어 + ya había + 과거분사

La tienda ya había **cerrado cuando llegó Graciela.**
그라시엘라가 도착했을 때 상점은 이미 닫혀 있었다.

La película ya había **empezado cuando te llamé.**
너에게 전화했을 때 영화는 이미 시작했었다.

La boda ya había **terminado cuando llegamos.**
우리가 도착했을 때 결혼식은 이미 끝나 있었다.

~한 사람들은　Los que ~

Los que son diligentes, trabajan mucho.
부지런한 사람들은 일을 열심히 한다.

Los que trabajan en esa empresa, ganan mucho dinero.　저 회사에서 일하는 사람들은 돈을 많이 번다.

Los que viven lejos de la escuela, pueden usar el autobús escolar.　학교에서 멀리 떨어진 곳에 사는 사람들은 스쿨버스를 이용할 수 있다.

단어

tienda 상점, 가게	**película** 영화	**empezar** 시작하다
boda 결혼식	**terminar** 끝나다, 끝내다	**diligente** 부지런한, 성실한
empresa 회사, 기업	**ganar dinero** 돈을 벌다	**lejos de** ~에서 멀리
escuela 학교	**autobús escolar** 스쿨버스	

1 빈칸에 들어갈 알맞은 동사 형태를 적으세요.

1 A: ¿Dónde _____ antes de entrar al dormitorio?

   기숙사에 들어오기 전에 너는 어디 살았었니?

   B: _____ en Itaewon. 이태원에 살았었어.

2 A: ¿Qué hora _____ cuando te encontraste con Ana?

   아나를 만났을 때 몇 시였니?

   B: _____ las 11 de la mañana. 아침 11시였어.

2 빈칸에 들어갈 알맞은 말을 고르세요.

1 _____ hacen ejercicios, viven saludablemente.

   운동을 하는 사람들은 건강하게 산다.

   ① Los cuales   ② Las que   ③ Los que   ④ Ellos

2 Mi perro ya _____ todo el pan cuando llegué.

   내가 도착했을 때 우리 개는 이미 빵을 다 먹어 버렸다.

   ① ha comido   ② había comido

   ③ comió   ④ come

3 Esteban estaba durmiendo cuando _____ el teléfono.

   전화기가 울렸을 때 에스테반은 자고 있었다.

   ① ha sonido   ② suena   ③ sonaba   ④ sonó

Día 10

Viajaré por Costa Rica.

나는 코스타리카를 여행할 거야.

월   일

MP3와 강의를
들어 보세요

¡Hola!

공부 순서

동영상 강의

본책

복습용 동영상

단어장

단어 암기 동영상

핵심 문장 익히기

🎧 **MP3** 10-01 들어 보기   🎤 **MP3** 10-02 말해 보기

1

Viajaré por Costa Rica.
나는 코스타리카를 여행할 거야.

★ 단순미래 규칙동사 변화

스페인어의 미래시제(단순미래) 규칙형은 -ar, -er, -ir로 끝나는 동사들 모두 동사원형에 -é, -ás, -á, -emos, -éis, -án을 붙여 줍니다.

📖 hablar 말하다

yo	hablaré	nosotro(a)s	hablaremos
tú	hablarás	vosotro(a)s	hablaréis
él / ella / usted	hablará	ellos/ellas/ustedes	hablarán

📖 comer 먹다

yo	comeré	nosotro(a)s	comeremos
tú	comerás	vosotro(a)s	comeréis
él / ella / usted	comerá	ellos/ellas/ustedes	comerán

📖 vivir 살다

yo	viviré	nosotro(a)s	viviremos
tú	vivirás	vosotro(a)s	viviréis
él / ella / usted	vivirá	ellos/ellas/ustedes	vivirán

★ 단순미래 불규칙동사 변화

단순미래 불규칙동사의 어간은 불규칙이지만 어미는 규칙동사와 동일하게 변화합니다.

tener 가지다, 소유하다	tendré, tendrás, tendrá, tendremos, tendréis, tendrán
poner 놓다, 두다	pondré, pondrás, pondrá, pondremos, pondréis, pondrán
valer ~의 가치가 있다	valdré, valdrás, valdrá, valdremos, valdréis, valdrán
venir 오다	vendré, vendrás, vendrá, vendremos, vendréis, vendrán
salir 나가다	saldré, saldrás, saldrá, saldremos, saldréis, saldrán

---

🌿 **왕초보 탈출 팁**

스페인어에는 다양한 동사 변화들이 존재하지만 그 안에 나름의 규칙이 있거나 동사 변화들 사이에 공통점과 유사점이 있기 때문에 이를 이해하고 암기하면 좀 더 수월하게 동사 변화를 습득할 수 있습니다.

다음의 예시와 같이 단순미래 동사의 어미 부분은 현재완료의 haber 동사 어미 부분과 발음이 동일하게 변화합니다.

📖 hablar의 단순미래형
   hablaré
   hablarás
   hablará
   hablaremos
   hablaréis
   hablarán

   hablar의 현재완료형
   he
   has
   ha
   hemos   + hablado
   habéis
   han

haber 있다, 기존하다	habré, habrás, habrá, habremos, habréis, habrán
caber 넣다, 담다	cabré, cabrás, cabrá, cabremos, cabréis, cabrán
saber 알다, 알고 있다	sabré, sabrás, sabrá, sabremos, sabréis, sabrán
poder ~할 수 있다	podré, podrás, podrá, podremos, podréis, podrán
querer 원하다, 바라다	querré, querrás, querrá, querremos, querréis, querrán
hacer 하다, 만들다	haré, harás, hará, haremos, haréis, harán
decir 말하다	diré, dirás, dirá, diremos, diréis, dirán

★ 단순미래의 용법

1. 미래에 일어날 일에 대해 말할 때

예 Hablaré con Juan. 나는 후안과 대화를 할 것이다.

Elmer hará todo lo posible. 엘메르는 최선을 다 할 것이다.

2. 현재의 추측이나 상상, 혹은 가능성을 표현할 때

예 Serán las tres. 세 시일 거야.

¿Cuántos años tendrá él? 그는 나이가 몇 살일까?

3. 명령을 표현할 때

예 No robarás. 도둑질하지 말아라.

Irás ahora. 지금 가거라.

 단어

hacer todo lo posible
최선을 다하다
robar 도둑질하다, 훔치다
ahora 지금, 현재

 공부한 내용을 확인해 보세요!

❶ Yo _____ (viajar) por Europa. 나는 유럽을 여행할 거야.

❷ ¿Qué hora _____ (ser) ahora? 지금 몇 시일까?

 정답
① viajaré ② será

핵심 문장 익히기

2

Voy a salir.

나는 밖에 나갈 거야.

★ 단순미래와 'ir a + 동사원형' 구문 비교

스페인어에서 막연히 미래에 일어날 일을 말할 때에는 단순미래를 사용합니다. 그리고 가까운 미래나 이미 계획된 미래를 표현할 때에는 'ir a + 동사원형'의 형태를 사용하여, 어떤 일이나 상황이 확실히 일어날 것임을 말해 줍니다.

[비교] 단순미래

예 Estará Ud. cansado del viaje, ¿verdad? 여행 때문에 피곤하시지요?
¿Cuánto tiempo se quedará aquí? 여기에서 얼마나 머무실 건가요?

[비교] ir a + 동사원형

예 Esta noche voy a estudiar en casa. 오늘 밤에 나는 집에서 공부할 거야.
Llévate el paraguas, va a llover. 우산 가져가, 비가 올 거야.

★ 가정법 현재 구문

'Si + 주어 + 동사(직설법 현재), 주어 + 동사(직설법 현재 / 명령형 / 단순미래)' 구문을 사용하면 '~하면, ~하다 / ~해라 / ~할 것이다'와 같은 문장을 만들 수 있습니다.

예 Si tienes tiempo, puedes jugar al fútbol con tus amigos. 네가 시간이 있으면, 친구들과 축구를 할 수 있다. (직설법 현재)
Si quieres ir a la fiesta, haz la tarea. 파티에 가고 싶으면, 숙제를 해라. (명령형)
Si llueve, estaré en casa. 비가 오면, 나는 집에 있을 거야. (단순미래)

 공부한 내용을 확인해 보세요!

❶ Ellos _____ (jugar) al tenis. 그들은 테니스를 칠 거야.

❷ Si no me dices la verdad, no _____ (poder) ayudarte.
내게 사실을 말하지 않는다면, 너를 도와줄 수 없을 거야.

 왕초보 탈출 팁

영어에서 will은 주체의 의지를 표현하여 '~할 것이다'라고 해석되어 무언가를 하려는 자발적인 의도를 말할 때 사용하고, be going to는 '~하려 하다, ~할 작정이다'로 해석될 수 있는 것처럼 스페인어에서는 단순미래를 표현하여 영어에서 will에 해당하는 의미를 나타내고 'ir a + 동사원형'이 be going to의 의미를 나타냅니다.

 왕초보 탈출 팁

스페인어에서는 현재시제를 사용하여 가까운 미래를 표현합니다.
예 Te llamo. 내가 전화할게.

 단어

cansado 피곤한
quedarse 머무르다
llevarse el paraguas 우산을 가져가다
llover 비가 오다
tarea 과제, 숙제
verdad 사실, 진실

 정답
① jugarán ② podré

3

Elena ya habrá preparado la cena a las 6 de la tarde.

엘레나는 6시에는 이미 저녁을 준비했을 거야.

★ 단순미래 vs 미래완료

단순미래는 앞으로 미래에 일어날 일을 나타내거나 현재 상황을 추측할 때 사용합니다. 한편 미래완료는 미래의 특정한 시점을 기준으로 그보다 이전 미래의 일을 표현하거나 근접한 과거의 사건이나 행위를 추측할 때 쓰입니다.

★ 미래완료

미래완료는 'haber의 단순미래형 + 과거분사' 형태로 이루어집니다. 어떤 미래의 행위나 상태가 그보다 더 미래의 특정 시점이 되면 끝나 있을 것임을 표현할 때 사용합니다.

haber의 단순미래형 + 과거분사		
yo	habré	
tú	habrás	
él / ella / usted	habrá	**hablado** 말하다
nosotro(a)s	habremos	+ **comido** 먹다
vosotro(a)s	habréis	**vivido** 살다
ellos / ellas / ustedes	habrán	

★ 미래완료 키워드

미래완료는 다음과 같은 부사(구)와 많이 사용됩니다.

ya 이미　　　　**aún no** 아직 ~ 않다　　　　**todavía no** 아직 ~ 않다

 El viernes, ya habrá llegado el equipo Mariachi Vargas a Corea.
금요일에는 이미 마리아치 바르가스 팀이 한국에 도착해 있을 것이다.

🌿 **왕초보 탈출 팁**

미래완료 haber의 단순미래형 바로 다음에 쓰이는 과거분사는 주어와의 성수 일치 없이 항상 남성 단수형을 사용합니다.

 Sara ya habrá terminado su informe la semana que viene. 다음 주에는 이미 사라가 보고서를 끝마쳤을 것이다.

👑 **단어**

cena 저녁식사
llegar 도착하다
equipo 팀, 단체
terminar 끝내다, 끝나다
informe 보고서 ⓜ
la semana que viene 다음 주

★ 미래완료의 쓰임 **1**

미래완료는 미래의 특정 시점을 기준으로 그때까지 어떤 상태나 행위가 종료되어 있을 것임을 나타낼 때 사용합니다. 보통 '그때(미래의 특정 시점)에는 이미 ~했을 것이다, ~였을 것이다'로 해석됩니다.

예 Ya habremos hecho todas las tareas a las 6. 6시에 우리는 숙제를 이미 다 끝냈을 것이다.

Mañana por la tarde, ellos ya habrán revisado el proyecto. 내일 오후에 그들은 이미 프로젝트에 대한 검토를 마쳤을 것이다.

★ 과거분사 규칙형 복습

과거분사의 규칙형은 -ar로 끝나는 동사의 경우 어간에 -ado를, -er이나 -ir로 끝나는 동사의 경우 어간에 -ido를 붙여 줍니다.

hablar 말하다	hablado
comer 먹다	comido
vivir 살다	vivido

★ 과거분사 불규칙형 복습

다음의 불규칙 형태들은 암기해 줍니다.

escribir 쓰다	escrito	**romper** 부수다, 깨다	roto
abrir 열다	abierto	**ver** 보다	visto
cubrir 덮다, 씌우다	cubierto	**poner** 놓다, 두다	puesto
morir 죽다, 사망하다	muerto	**hacer** 하다, 만들다	hecho
volver 돌아가다	vuelto	**decir** 말하다	dicho

공부한 내용을 확인해 보세요!

❶ Ellos _____ (hacer) **todos los trabajos mañana por la tarde.** 그들은 내일 오후에는 일을 다 끝마쳤을 것이다.

❷ En 2030 _____ (ganar) **mucho dinero.** 2030년에 나는 돈을 많이 벌었을 거야.

 단어

revisar 검토하다, 복습하다
proyecto 프로젝트
trabajo 일
dinero 돈

 정답
① habrán hecho
② habré ganado

4

Ronaldo llama a Graciela.

로날도는 그라시엘라를 부른다.

⭐ 미래완료의 쓰임 **2**

어떤 상황이 완료된 상태, 즉 이미 끝난 상황이나 경험에 대한 현재의 상상이나 추측을 나타낼 때 사용하며, 보통 '아마 ~했을 것이다, ~였을 것이다'로 해석됩니다.

📗 Daniela ya habrá llegado a Monterrey. 다니엘은 이미 몬테레이에 도착해 있을 것이다.

　Ellos se habrán marchado. 그들은 떠났을 것이다.

⭐ 스페인어의 Personal a

스페인어에서 직접목적어가 사람이나 애완동물인 경우 목적어 앞에 a를 붙여 줍니다. 다만, 범위의 한정 없이, 직접목적어가 불특정 다수가 될 수 있는 일반적인 '사람'을 의미할 때에는 a를 생략합니다.

📗 Juan mira a Carmen. 후안은 카르멘을 바라본다.

　Roberto ama a sus abuelos. 로베르토는 그의 조부모님을 사랑한다.

　Necesito un secretario. 나는 비서가 필요하다.

의문문에서 personal a가 쓰이는 경우에는 의문대명사 앞에 위치합니다.

📗 ¿A quién miran ellos? 그들은 누구를 보고 있니?

　¿A quién buscas? 너는 누구를 찾고 있니?

공부한 내용을 확인해 보세요!

❶ A: ¿Dónde están los niños? 아이들은 어디 있지?

　B: _____ (ir) a la escuela. 학교에 갔을 거야.

❷ Juan _____ (llegar) bien a Sevilla. 후안은 세비야에 잘 도착해 있을 것이다.

 단어

marcharse 떠나다
mirar 보다, 바라보다
amar 사랑하다
secretario 비서
buscar 찾다
escuela 학교

 정답

① habrán ido
② habrá llegado

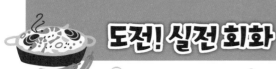

🎧 **MP3** 10-09 들어 보기　🎤 **MP3** 10-10 말해 보기

 Antonio, ¿qué tal si vamos juntos al concierto de Mariachi Vargas?

 ¿Dónde y cuándo?

 En la ciudad de Jeonju, este sábado por la noche.

 Entonces, no lo perderé.

 **회화Tip**

¿Qué tal si ~?와 마찬가지로 ¿Qué te parece si ~?도 '~하면 어때?'라는 뜻으로 의사를 묻거나 권유할 때 많이 쓰이는 표현입니다.

예 ¿Qué te parece si nos vemos en la fiesta? 우리 파티에서 만나면 어때?

올리비아 안토니오, 우리 같이 마리아치 바르가스 콘서트에 가는 게 어때?

안토니오 어디서, 언제 하는데?

올리비아 전주시에서 이번 주 토요일 밤에 열릴 거야.

안토니오 그럼, 꼭 갈래.

단어

concierto 콘서트

perder 잃다, 분실하다

기본 회화 연습

🎧 MP3 10-11 들어 보기　🎤 MP3 10-12 말해 보기

만약…하면, ~할 것이다 Si + 직설법 현재, 단순미래

Si tengo dinero, lo compraré. 내가 돈이 있으면, 그것을 살 것이다.

Si tú lo quieres, te lo compraré. 네가 그것을 원한다면, 내가 사 줄게.

Si dices la verdad, te ayudaré. 네가 사실을 말하면, 내가 도와줄게.

~이(가) 있을 것이다 Habrá + 명사

Habrá una actuación del grupo musical. 뮤지컬 그룹의 공연이 있을 것이다.

Habrá mucha comida deliciosa en la fiesta. 파티에는 맛있는 음식이 많이 있을 것이다.

Habrá un regalo de sorpresa. 깜짝 선물이 있을 것이다.

나는 내일이면 이미 ~했을 것이다 Mañana ya habré + 과거분사

Mañana ya habré presentado un informe sobre la Inteligencia Artificial. 나는 내일이면 이미 AI에 대한 보고서를 제출했을 것이다.

Mañana ya habré pagado la renta. 나는 내일이면 이미 임대료를 지불했을 것이다.

Mañana ya habré probado el té que recomendó Alicia. 나는 내일이면 이미 알리시아가 추천한 차를 마셔 봤을 것이다.

단어

actuación 공연	**delicioso** 맛있는	**sorpresa** 놀람, 생각지도 않은 선물
presentar 제출하다	**informe** 보고서 🔵	**Inteligencia Artificial** 인공지능, AI
pagar la renta 임대료를 지불하다	**probar** 시도하다, 맛보다	**té** 차, 찻잎, 티 🔵

116

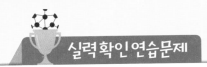

1 빈칸에 들어갈 알맞은 동사 형태를 적으세요.

1 A: **¿A qué hora vas a salir de casa mañana?**

너는 내일 몇 시에 집에서 나갈 거니?

B: _____ **de casa a las 10 a.m.** 나는 오전 10시에 집에서 나갈 거야.

2 A: **¿Cuándo piensas terminar tu trabajo?** 너는 언제 일을 끝낼 생각이니?

B: **La semana que viene, ya _____ mi trabajo.**

다음 주에는 이미 일을 끝마쳤을 거야.

3 A: **¿Qué hora _____?** 몇 시일까?

B: _____ **las 6.** 6시일 거야.

2 빈칸에 들어갈 알맞은 말을 고르세요.

1 **¿Cuándo _____ llegar a Italia?** 그들은 이탈리아에 언제 도착할까?

① vais a   ② ir a   ③ van a   ④ vamos

2 **Ya _____ hoy por la noche.** 그들은 오늘 밤에는 도착해 있을 거야.

① haber llegado   ② han llegado

③ llegaron   ④ habrán llegado

3 **Si Elena asiste a la reunión, yo también _____.**

엘레나가 모임에 참석하면, 나도 갈게.

① ir   ② iré   ③ irá   ④ iremos

정답 **1** 1. Voy a salir 2. habré terminado 3. será / Serán

2 1.③ 2.④ 3.②

Día 11

Quiero levantarme temprano.

나는 일찍 일어나고 싶어.

월   일

MP3와 강의를
들어 보세요

¡Hola!

공부 순서

동영상 강의

본책

복습용 동영상

단어장

단어 암기 동영상

핵심 문장 익히기

🎧 **MP3** 11-01 들어 보기　🎤 **MP3** 11-02 말해 보기

1

Quiero levantarme temprano.

나는 일찍 일어나고 싶어.

★ 대명사의 위치

스페인어에서 직접목적어가 명사인 경우에는 영어와 마찬가지로 동사 다음에 위치합니다. 그리고 대명사의 경우, 모든 대명사는 동사 변화형 바로 앞에 놓이고 부정사, 현재분사, 긍정 명령형의 어미에 붙습니다.

주어	동사	직접목적어(명사)
Juan Carlos y Jimena 후안 카를로스와 히메나는	están tomando 찍고 있다	fotos. 사진을

 Necesitamos una mesa. 우리는 테이블이 하나 필요하다.
El camarero la lleva. 웨이터가 그것을 가져온다.

긍정문과 부정문에서 모두, 직접목적격 대명사는 변형된 동사 앞에 놓습니다.

 Julio practica el tenis. 훌리오는 테니스 연습을 한다.
Julio lo practica. 훌리오는 그것을 연습한다.

Daniel no tiene las llaves. 다니엘은 열쇠를 갖고 있지 않다.
Daniel no las tiene. 다니엘은 그것들을 갖고 있지 않다.

문장 내에 두 개의 동사가 연속으로 나오는 경우, 직접목적격 대명사는 변화된 동사 앞에 위치하거나 동사원형에 붙여 줄 수 있습니다.

 Ellos van a escribir unas cartas. 그들은 몇 통의 편지를 쓸 것이다.
→ Ellos las van a escribir. 그들은 그것들을 쓸 것이다.
→ Ellos van a escribirlas. 그들은 그것들을 쓸 것이다.

Luis quiere comer tacos. 루이스는 타코가 먹고 싶다.
→ Luis los quiere comer. 루이스는 그것들을 먹고 싶다.
→ Luis quiere comerlos. 루이스는 그것들을 먹고 싶다.

현재진행형의 경우, 직접목적격 대명사는 estar 동사 앞에 위치하거나 현재분사 뒤에 붙일 수 있습니다.

 Eduardo está viendo una película. 에두아르도는 영화를 보고 있다.
→ Eduardo la está viendo. 에두아르도는 그것을 보고 있다.
→ Eduardo está viéndola. 에두아르도는 그것을 보고 있다.

🌸 대명사의 형태 비교

스페인어에는 아래와 같이 세 종류의 대명사가 있습니다. 대명사들의 형태가 3인칭 단수와 복수형을 제외하고 모두 동일하다는 점에 유의하세요.

재귀대명사

me	나 자신
te	너 자신
se	그/그녀/당신 자신
nos	우리들 자신
os	너희들 자신
se	그들/그녀들/당신들 자신

직접목적격 대명사

me	나를
te	너를
lo	그/그것/당신을
la	그녀/그것/당신을
nos	우리들을
os	너희들을
los	그들/그것들/당신들을
las	그녀들/그것들/당신들을

간접목적격 대명사

me	나에게
te	너에게
le	그/그녀/당신에게
nos	우리들에게
os	너희들에게
les	그들/그녀들/당신들에게

🌸 왕초보 탈출 팁

 직접목적격 대명사가 현재분사에 붙는 경우, 본래 강세 유지를 위해 현재분사의 끝에서 두 번째 음절에 악센트(-ándo, -iéndo)를 표시해 줍니다.

2

Quiero cantar Cielito Lindo.

씨엘리또 린도를 부르고 싶어.

★ 직접목적어와 간접목적어가 함께 쓰이는 문장

한 문장 안에 직접목적어와 간접목적어를 모두 사용하는 경우에는 항상 간접목적어를 먼저 써 줍니다.

📗 Te lo **voy a enseñar.** 내가 너에게 그것을 가르쳐 줄게.
　Nos los **prepararon.** 그들은 우리들에게 그것들을 준비해 주었다.

★ 간접목적어와 직접목적어가 모두 3인칭인 문장

한 문장 안에 직접목적어와 간접목적어가 모두 3인칭인 경우에는 간접목적어 le와 les는 se로 바뀝니다.

📗 Se lo **doy. (O)** 나는 그에게/그녀에게/당신에게 그것을 준다.
　Le lo **doy. (X)**

　Manolo se la **enseña. (O)** 마놀로는 그들에게/그녀들에게/당신들에게 그것을 가르친다.
　Manolo les la **enseña. (X)**

★ 간접목적격 대명사

직접목적어는 동사의 행위를 직접적으로 받습니다. 반면, 간접목적어는 동사의 행위를 간접적으로 받습니다.

주어	간접목적격 대명사	동사	직접목적어	간접목적어
Roberto	le	da	un regalo	a Julia.
로베르토는	그녀에게	준다	선물을	훌리아에게

공부한 내용을 확인해 보세요!

❶ Mi sobrina ＿＿＿＿ prepara un sándwich.　내 조카가 나에게
샌드위치를 준비해 준다.

❷ Diana ＿＿＿＿ ＿＿＿＿ dirá.　디아나가 너에게 그것을 말할 것이다.

 단어

enseñar 가르치다
regalo 선물
muñeca 인형, 손목
celular 휴대전화 🔵
llave 열쇠 📗
sobrina (여자) 조카
sándwich 샌드위치 🔵

 정답
①me　②te / lo

3

🎧 **MP3** 11-05 들어 보기　🎤 **MP3** 11-06 말해 보기

Saber es poder.

아는 것이 힘이다.

⭐ **스페인어에서 동사원형의 쓰임새**

스페인어에서 동사원형이 사용되는 경우는 다음과 같이 나누어 볼 수 있습니다.

1. 동사원형이 문장의 주어로 사용되는 경우: ～하는 것

예 Ver **es creer.** 보는 것이 믿는 것이다. (백문이 불여일견)

2. 일반동사 + 동사원형

일반동사 다음에 위치하여 보어의 역할을 합니다.

예 Quiero levantarme **temprano.** 나는 일찍 일어나고 싶어.

3. 전치사 + 동사원형 / 명사

예 Después de terminar **la tarea, puedes salir de la casa.** 숙제를 마치고 너는 집을 나갈 수 있어.

4. 직접목적격 대명사 + 지각동사 + 동사원형

ver(보다), sentir(느끼다), mirar(바라보다), oír(듣다) 등과 같은 지각동사 뒤에는 동사원형이 옵니다.

예 Los **veo correr.** 나는 그들이 뛰는 것을 본다.

5. 비인칭구문 / 의지동사 + 동사원형

예 Es difícil aprender **idiomas extranjeros.** 외국어를 배우는 것은 어렵다.

6. tener que / hay que / deber + 동사원형: ～해야 한다

예 Tengo que pensarlo **bien.** 나는 그것을 잘 생각해야 한다.
　Hay que hacer **ejercicios para la salud.** 건강을 위해서 운동을 해야 한다.

 왕초보 탈출 팁

동사원형이 문장의 주어로 사용되는 경우에는 본래 동사원형 앞에 정관사 el 을 붙여 주어야 하지만 최근에는 생략하는 경우가 많습니다.

 왕초보 탈출 팁

일반동사 다음에 재귀동사의 원형이 오는 경우, 재귀동사 원형에 인칭에 맞게 변형된 재귀대명사를 붙여 주어야 합니다.

예 No puedes acostarte temprano. 너는 일찍 잠자리에 들 수 없다.

 단어

poder ～할 수 있다 통 힘, 능력 명
levantarse 일어나다
correr 달리다, 뛰다
idioma 언어, 국어 명
extranjero 외국의 형 외국인 명
pensar 생각하다
hacer ejercicios 운동을 하다
salud 건강
verdad 사실, 진실
hablar con ～와 대화하다

🎓 **공부한 내용을 확인해 보세요!**

❶ Yo _____ digo la verdad.　나는 너에게 사실을 말한다.

❷ Tú _____ _____ hablar con Manuel.　너는 마누엘과 이야기 해야 한다.

 정답

① te　② tienes, que

4

Tengo mucho que hacer.

나는 할 일이 많다.

---

7. al + 동사원형: ~할 때, ~하자마자

📣 Al llegar al aeropuerto, me encontré con Manuel. 공항에 도착했을 때,
마누엘을 만났어.

8. de + 동사원형: ~이라면(조건구문)

📣 De no aprobar el examen, no podría graduarme.
= Si no apruebo el examen, no podría graduarme.
시험을 통과하지 못하면, 나는 졸업을 할 수 없을 거야.

9. 지시문 / 명령문 / 설명서 등에서의 동사원형: ~하세요, ~하지 마세요

📣 Tomar la medicina tres veces al día. 하루 세 번 약을 드십시오.
No pisar el césped. 잔디를 밟지 마세요.

★ 선행사 + 관계대명사 que + 동사원형

관계대명사 que에 동사원형을 붙여서 '~할, ~하는'이라고 표현할 수 있습니다.

📣 Tengo nada que hacer. 나는 할 게 하나도 없다.
Hay algo que comer. 먹을 게 있다.

★ 스페인어의 빈도부사

스페인어에서 횟수 등을 나타내는 빈도부사는 다음과 같습니다.

siempre 언제나, 항상, 늘	**a veces** 가끔
normalmente 보통, 일반적으로	**de vez en cuando** 이따금씩
frecuentemente 자주	**rara vez** 아주 가끔

 단어

aeropuerto 공항
encontrarse (우연히) 만나다
aprobar el examen 시험에
　통과하다, 합격하다
tomar la medicina 약을
　먹다
césped 잔디 🌱

 공부한 내용을 확인해 보세요!

❶ Elena tiene mucho _____ hacer. 엘레나는 할 일이 많다.

❷ Yo _____ me levanto a las 6 de la mañana. 나는 항상
아침 6시에 일어난다.

 정답
① que　② siempre

도전! 실전 회화

🎧 **MP3** 11-09 들어 보기　🎤 **MP3** 11-10 말해 보기

 Antonio　¿Qué estás haciendo?

 Olivia　Estoy preparando la cena para la fiesta.

 Antonio　¿Te ayudo?

 Olivia　Sí, gracias. Tengo mucho que hacer.

 문법 Tip

'mucho + 관계대명사 que + 동사원형' 구문을 활용하여 다양한 표현을 만들 수 있습니다.

例 mucho que comer 많은 먹을 것

→ No tengo mucho que comer. 나는 먹을 것이 많지 않다.

mucho que ver 많은 볼 것

→ Hay mucho que ver. 볼 것들이 많다.

안토니오 뭘 하고 있니?

올리비아 파티를 위한 저녁을 준비하고 있어.

안토니오 내가 도와줄까?

올리비아 응, 고마워. 할 게 너무 많아.

단어

cena 저녁 식사   **fiesta** 파티   **hacer** 하다, 만들다

기본 회화 연습

🎧 MP3 11-11 들어 보기   🎤 MP3 11-12 말해 보기

나는 ~할 게 많아 Tengo mucho que + 동사원형

Tengo mucho que **comer.**   나는 먹을 게 많아.

Tengo mucho que **estudiar.**   나는 공부할 게 많아.

Tengo mucho que **vender.**   나는 팔 게 많아.

나는 ~하고 싶어 Quiero + 동사원형

Quiero **viajar contigo.**   나는 너와 여행가고 싶어.

Quiero **vivir en Londres.**   나는 런던에서 살고 싶어.

Quiero **aprender idiomas extranjeros.**   외국어를 배우고 싶어.

~하지 마시오 No + 동사원형

No **fumar.**   담배 피우지 마시오.

No **gritar.**   소리지르지 마시오.

No **entrar.**   들어가지 마시오.

contigo 너와 함께

idioma extranjero 외국어

1 빈칸에 들어갈 알맞은 목적격 대명사의 형태를 적으세요.

1 A: **¿Vas a comprar la computadora?** 너 그 컴퓨터를 살 거니?

   B: **Sí, _____ voy a comprar.** 응, 그것을 살 거야.

2 A: **¿Cuándo me devuelves mi novela?** 내 소설책은 언제 돌려줄 거니?

   B: **_____ _____ devuelvo mañana.** 내일 그것을 너에게 돌려줄게.

3 A: **¿Puedes hablar conmigo?** 나랑 얘기할 수 있니?

   B: **No, ahora no puedo. _____ llamo más tarde.**

   아니, 지금은 안 돼. 나중에 전화할게.

2 빈칸에 들어갈 알맞은 말을 고르세요.

1 **Quiero _____ por Europa.** 나는 유럽을 여행하고 싶어.

   ① **viajando**   ② **viajo**   ③ **viaje**   ④ **viajar**

2 **_____ lo regalaré a mi tío.** 우리 삼촌께 그걸 선물할 거야.

   ① **Les**   ② **Lo**   ③ **Se**   ④ **Le**

3 **Diana está _____.** 디아나는 그를 보고 있다.

   ① **verlo**   ② **viéndolo**   ③ **visto**   ④ **vio**

Día 12

¿Se puede utilizar el Internet?

인터넷을 사용할 수 있나요?

월   일

핵심 문장 익히기

1

¿Se puede utilizar el Internet?
인터넷을 사용할 수 있나요?

★ se의 용법

스페인어에서 se는 재귀의 se, 상호의 se, 수동의 se, 무인칭의 se, 강조의 se, 무의지의 se, 그리고 발음의 용이성을 위해서 le나 les를 대체하는 대명사 se로 분류할 수 있습니다.

★ [se의 쓰임1] 재귀의 se

앞서 공부한 재귀대명사이며 영어의 oneself에 해당됩니다. 재귀동사의 복수형은 '서로간에 ~하다'라는 의미입니다.

예 La madre levanta al niño. 엄마가 아이를 일으킨다.
La madre se levanta a las seis. 엄마는 여섯 시에 일어난다.

★ 재귀동사의 종류

타동사에 재귀대명사 se를 붙이면 '~을 시키다'에서 '~을 한다'의 의미가 됩니다.

acostar 눕히다 → acostarse 눕다	divertir 즐겁게 하다 → divertirse 즐기다
bañar 목욕시키다 → bañarse 목욕하다	levantar 일으키다 → levantarse 일어나다
despertar 깨우다 → despertarse 깨다	peinar 머리를 빗어 주다 → peinarse 머리를 빗다
casar 결혼시키다 → casarse 결혼하다	sentar 앉히다 → sentarse 앉다

예 A: ¿A qué hora te acuestas? 너는 몇 시에 자니?
B: Me acuesto a las 11:30. 나는 11시 반에 자.
Me miraba en el espejo. 나는 거울을 보고 있었다.

공부한 내용을 확인해 보세요!

❶ A: ¿Con quién vas a _____ (casarse)? 너는 누구와 결혼할 거니?

❷ B: _____ voy a casar con Francisco. 나는 프란시스코와 결혼할 거야.

왕초보 탈출 팁

재귀동사 사용시 정관사가 소유형용사의 역할을 하므로, 정관사 대신 소유형용사를 붙이지 않도록 주의해야 합니다.

예 Ellas se lavaron las manos. (O)
Ellas se lavaron sus manos. (X)
그녀들은 손을 씻었다.

왕초보 탈출 팁

재귀동사 사용시에는 반드시 재귀대명사를 인칭에 맞게 변형시켜 주어야 합니다.

예 Voy a cepillarse los dientes. (X)
Voy a cepillarme los dientes. (O)
Me voy a cepillar los dientes. (O)
나는 이를 닦을 거야.

단어

espejo 거울
lavarse las manos 손을 씻다
cepillarse los dientes 이를 닦다
casarse con ~와 결혼하다

정답

① casarte ② Me

2

Juan y Graciela se aman.

후안과 그라시엘라는 서로 사랑한다.

⭐ `se의 쓰임 2` 상호의 se

두 명 이상의 주어가 동일한 행동을 '서로'에게 할 경우 se를 넣어 줍니다. 재귀동사와
형태가 같으나 상호의 se는 항상 1, 2, 3인칭 동사 복수형에서만 사용 가능합니다.

 Los profesores se saludan. 교수님들은 서로 인사를 나누신다.
　　 Los amigos se abrazan. 친구들은 서로 포옹한다.

상호의 se는 1, 2, 3인칭 동사변화 복수형 각각에 해당되는 nos, os, se로 바꾸어서
써 줍니다.

 Mi familia y yo nos animamos. 우리 가족과 나는 서로 응원한다.
　　 Nos comunicamos por e-mail. 우리들은 이메일로 연락을 주고 받는다.

🍇 왕초보 탈출 팁

나를 포함한 두 명 이상의 사람들
을 지칭할 때, '나(yo)'는 항상 맨 뒤
에 붙여 줍니다.

 tú y yo 너와 나
mi primo, mi sobrino y yo
내 사촌, 조카와 나

👑 단어

abrazarse 포옹하다
sobrino (남자) 조카
verse 서로 만나다
con alegría 기쁨으로, 즐겁게

 공부한 내용을 확인해 보세요!

❶ _____ vemos mañana. 우리 내일 만나자.

❷ Ellos _____ (abrazarse) con alegría. 그들은 기쁨으로
포옹하였다.

정답
① Nos ② se abrazaron

핵심 문장 익히기

🎧 MP3 12-05 들어 보기 🎙 MP3 12-06 말해 보기

3

Se abrió la puerta automáticamente.

문이 자동으로 열렸다.

★ **se의 쓰임 3** 수동의 se

스페인어에서 수동의 se는 수동태인 'ser + 과거분사'를 대신하여 사용할 수 있습니다. 일반적으로 주어가 사물일 때 사용되며 행위자가 중요하지 않은 경우에 많이 쓰입니다.

se	3인칭 단수동사	단수명사
Se	**rompió**	**la botella.**
	깨졌다	병이

se	3인칭 복수동사	복수명사
Se	**solucionaron**	**los problemas.**
	해결되었다	문제들이

예 Se venden coches usados. 중고차들이 판매됩니다. → 중고차를 판매합니다.

비교 ser + 과거분사 + por 행위자

'ser + 과거분사 + por 행위자' 구문은 행위자를 강조할 때 많이 사용됩니다.

예 El parque Güell fue diseñado por el arquitecto Gaudí.
구엘 공원은 건축가 가우디에 의해 설계되었다.
→ 건축가 가우디가 구엘 공원을 설계했다. (행위자 '가우디'를 강조)

예 El parque Güell se construyó entre 1900 y 1914.
구엘 공원은 1900년에서 1914년 사이에 건설되었다. (행위자는 중요하지 않음)

 단어

puerta 문
automáticamente 자동으로, 자동적으로
romper 깨다
botella 병
diseñar 설계하다
construir 건설하다
vaso 잔

공부한 내용을 확인해 보세요!

❶ Esta casa _____ (ser) construida por mi abuelo.
우리 할아버지가 이 집을 지으셨다.

❷ Se _____ (romper) dos vasos. 두 개의 잔이 깨졌다.

 정답
① fue ② rompieron

4

Tengo que irme ahorita.

나 지금 바로 가야 해.

⭐ 스페인어의 증대사와 축소사

스페인어에서 단어 자체의 의미를 축소시키거나 증대시켜서 강조하기도 하고, 상대를 귀엽고 친근하게, 또는 경멸할 목적으로 사용되는 표현들입니다. 실제로도 일상생활에서 매우 흔하게 사용되기 때문에 알아두면 유용하게 쓸 수 있습니다.

⭐ 축소사

기존 어휘에 축소 어미를 붙여서 대상을 귀엽게 묘사하고 애정을 담는 표현입니다. 축소사는 문법적으로 정해져 있다기보다는 기존의 단어에 축소 어미를 붙여서 만듭니다. 즉, 다음의 세 가지 형태의 축소 어미는 명확한 규칙이나 제한 없이 자유롭게 조합되어 사용됩니다. 특히 -ito(a)를 붙이는 축소사는 스페인어에서 가장 빈번하게 사용되는 활용도가 높은 표현입니다.

 왕초보 탈출 팁

축소 어미 -ito를 붙인 축소사가 사용된 세계 명작 동화의 제목으로는 'El Patito Feo(미운 오리 새끼)', 'Los Tres Cerditos(아기 돼지 삼형제)' 등이 있습니다.

1. 축소 어미

남성형	-ito	-cito	-illo
여성형	-ita	-cita	-illa

2. 예시

-ito (남성)	**perro** 개 → **perrito** 강아지 **chico** 소년 → **chiquito** 귀여운 꼬마 **gato** 고양이 → **gatito** 작은 고양이, 아기 고양이
-ita (여성)	**cuchara** 숟가락 → **cucharita** 티스푼 **ahora** 지금 → **ahorita** 곧, 지금 당장
-cito (남성)	**joven** 젊은이 → **jovencito** 소년 **poco** 조금 → **poquito** 아주 조금
-cita (여성)	**Carmen** → **Carmencita** 카르멘을 애정을 담아 부르는 표현
-illo (남성)	**paso** 통로, 통행 → **pasillo** 길고 좁은 통로
-illa (여성)	**pájaro** 새 → **pajarillo** 작은 새

📖 Tengo un poco de hambre. 배가 조금 고파요.

　→ Tengo un poquito de hambre. 배가 아주 조금 고파요.

 Antonio ¿Qué pasa?

 Olivia Se me cayó una botella de vidrio.

 Antonio ¡Ay, qué pena! ¿No te lastimaste?

 Olivia No, nada.

 Antonio Menos mal.

 **회화Tip**

"¡Qué pena!" 또는 "¡Qué lástima!"는 "정말 안됐다!" 또는 "유감이네요."라는 의미로 무언가 놀랐거나 좋지 않은 일이 생겨서 유감스러운 감정을 나타낼 때 흔히 사용하는 표현들입니다.

안토니오　무슨 일이야?

올리비아　유리병 하나를 깨뜨렸어.

안토니오　아, 저런! 안 다쳤니?

올리비아　아니, 전혀.

안토니오　다행이다.

기본 회화 연습

🎧 MP3 12-11 들어 보기   🎤 MP3 12-12 말해 보기

~할 수 있습니다 Se puede + 동사원형

Se puede recoger el equipaje en el segundo piso.
2층에서 수하물을 찾을 수 있습니다.

Se puede fumar fuera del edificio. 건물 밖에서 담배를 피울 수 있습니다.

Se puede vender mercancías en la calle. 거리에서 물건을 팔
수 있습니다.

~할 수 없습니다 No se puede + 동사원형

No se puede gritar en los lugares públicos. 공공장소에서
소리를 지를 수 없습니다.

No se puede tomar fotos en la sala de conferencias.
회의실에서 사진을 찍을 수 없습니다.

No se puede utilizar el teléfono gratuitamente. 전화기를
무료로 사용할 수 없습니다.

~하는 것을 깜빡 잊었어 Se me olvidó + 동사원형

Se me olvidó traer el paraguas. 우산 가져오는 것을 깜빡 잊었어.

Se me olvidó llamarte por teléfono. 너한테 전화하는 것을 깜빡 잊었어.

Se me olvidó enviar un e-mail. 이메일 보내는 것을 깜빡 잊었어.

recoger el equipaje 수하물을 찾다
edificio 건물
tomar fotos 사진을 찍다
paraguas 우산

segundo piso 2층
mercancía 물건, 상품
sala de conferencias 회의실
enviar un e-mail 이메일을 보내다

fuera de 다른 장소에서, 외부에서
lugar público 공공장소
gratuitamente 무료로, 공짜로

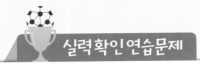

실력확인연습문제

1 빈칸에 들어갈 알맞은 동사 형태를 적으세요.

1 A: Se me _____ traer la computadora. 컴퓨터 가져오는 것을 깜빡 잊었어.

  B: No se preocupe. Se _____ utilizar esta computadora gratuitamente. 걱정 마세요. 이 컴퓨터를 무료로 사용하실 수 있어요.

2 A: ¿A qué hora _____ anoche? 너는 어젯밤 몇 시에 잠자리에 들었니?

  B: _____ a las 11 de la noche. 나는 밤 11시에 잠자리에 들었어.

3 A: ¿En qué año _____ el edificio? 저 건물은 몇 년도에 건축되었니?

  B: No sé. Voy a preguntar. 잘 모르겠어. 내가 물어볼게.

2 빈칸에 들어갈 알맞은 말을 고르세요.

1 ¿Dónde _____ fumar? 어디에서 담배를 피울 수 있나요?

  ① pude   ② se puede   ③ podía   ④ poder

2 Juan y Josefina _____ mucho. 후안과 호세피나는 서로를 무척 사랑한다.

  ① se amó   ② amarse   ③ amamos   ④ se aman

3 Mi compañero y yo siempre _____. 나의 동료와 나는 항상 서로를 돕는다.

  ① nos ayudamos   ② nos ayudan

  ③ se ayudamos   ④ nos ayudo

Día **13**

Lo importante es escuchar bien.

중요한 것은 잘 듣는 것이다.

월   일

MP3와 강의를
들어 보세요

¡Hola!

공부 순서

동영상 강의
☐ ☐ ☐

본책
☐ ☐ ☐

복습용 동영상
☐ ☐ ☐

단어장
☐ ☐ ☐

단어 암기 동영상
☐ ☐ ☐

핵심 문장 익히기

1

Lo importante es escuchar bien.
중요한 것은 잘 듣는 것이다.

★ 중성관사 lo의 쓰임

1. lo + 형용사: ~한 것

예 Lo importante **es vivir felizmente.** 중요한 것은 행복하게 사는 것이다.

Lo difícil **es hacer amigos verdaderos.** 어려운 것은 진정한 친구를 사귀는 것이다.

2. lo más + 형용사: 가장 ~한 것

예 Lo más difícil **es empezar.** 가장 어려운 것은 시작하는 것이다.

Lo más importante **es disfrutar la vida.** 가장 중요한 것은 삶을 즐기는 것이다.

3. lo que + 동사: ~하는 것

관계대명사 lo que는 앞 문장 전체를 받는 역할(앞서 나온 생각, 개념, 상황설명이나 행위 등)을 하며, 성수 변화를 하지 않습니다. lo cual로 대체할 수 있지만, 앞 문장 없이 독립적으로 사용될 때, 즉 문장 맨 처음에 나오는 경우에는 반드시 lo que만을 써 주어야 합니다.

예 Luis fue de viaje sin decir nada, lo que(lo cual) enfadó a su padre.
루이스는 말없이 여행을 떠났고, 그것은 그의 아버지를 화나게 했다.

Lo que dijo Daniel me impresionó mucho. (O)
Lo cual dijo Daniel me impresionó mucho. (X)
다니엘이 한 말은 내게 깊은 감명을 주었다.

 왕초보 탈출 팁

독립적 용법이 가능한, 즉 문장 맨 앞에 올 수 있는 관계대명사에는 quien(es), el / la que, los / las que, lo que가 있습니다.

 단어

escuchar 듣다, 청취하다
felizmente 기쁘게, 행복하게
ir de viaje 여행을 가다
enfadar 화나게 하다
impresionar 크게 감동시키다, 강한 인상을 주다
saber 알다, 알고 있다
nombre 이름 🔵
ganar dinero 돈을 벌다

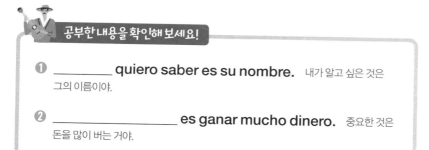

공부한 내용을 확인해 보세요!

❶ _____ quiero saber es su nombre.　내가 알고 싶은 것은 그의 이름이야.

❷ _____ es ganar mucho dinero.　중요한 것은 돈을 많이 버는 거야.

 정답
① Lo que　② Lo importante

2

Se habla español en Ecuador.

에콰도르에서는 스페인어를 말한다.

⭐ [se의 쓰임 4] **무인칭의 se**

무인칭의 se는 문장상에 구체적인 주어가 존재하지 않고, 불특정한 일반 대중을 지칭하여 '사람들은 ～한다'라는 의미를 나타낼 때 사용됩니다. 이때 동사는 항상 3인칭 단수를 써 주어야 합니다.

📢 Se habla **español en Ecuador.** 에콰도르에서는 스페인어를 말한다.
　　¿Cómo se dice *computer* **en español?** 컴퓨터를 스페인어로 뭐라고 하나요?

일반적인 사람들을 지칭하지 않고 개인에 대해서 언급할 때에는 se를 사용하지 않고 인칭에 맞게 동사 변화를 시켜 줍니다.

📢 ¿Se puede usar **esta computadora?** 이 컴퓨터를 사용해도 되나요?(일반적으로)
　　¿Puedo usar **esta computadora?** 제가 이 컴퓨터를 사용해도 될까요? (개인이)

[비교] **3인칭 복수형 동사를 사용한 무인칭 구문**

앞서 언급했던 se를 사용한 무인칭 표현 이외에 동사를 3인칭 복수형으로 만들어서 무인칭 구문을 만들 수 있습니다.

📢 Dicen que **la película es impresionante.** (사람들은) 그 영화가 인상적이라고 말한다.

 단어

decir 말하다
poder ～할 수 있다(통) 힘, 능력(명)
usar 사용하다
esto 이것(este의 중성형)
película 영화
impresionante 인상적인, 감명을 주는
secador de pelo 헤어 드라이어

 공부한 내용을 확인해 보세요!

❶ ¿Cómo se _____ (decir) **esto en español?** 이것은 스페인어로 뭐라고 하나요?

❷ ¿Se _____ (poder) **usar el secador de pelo?** 헤어드라이어를 사용해도 되나요?

 정답
① dice ② puede

MP3 13-05 들어 보기 **MP3** 13-06 말해 보기

3

Ricardo se comió el pan.

리카르도가 빵을 다 먹어 버렸다.

★ **se의 쓰임 5** **강조의 se**

동사를 특별히 강조하고자 할 때 se를 덧붙여 줍니다.

🗨 Ricardo se comió el pan. 리카르도가 빵을 다 먹어 버렸다.
　 Elena se fue a casa. 엘레나는 집으로 가 버렸다.

★ **se의 쓰임 6** **무의지의 se**

본인의 의지와 무관하게 일어난 예상치 못하거나 의도하지 않은 일에 대해서 마치 자신이 그 일을 당한 것처럼 표현할 때 se를 써 줍니다.

se	간접목적격 대명사	3인칭 단/복수 동사	주어(동사의 목적어)
Se	**me**	**cayó**	**la botella.**
(의도치 않게)	나에게	떨어졌다	병이

→ (실수로) 나는 병을 떨어뜨렸다.

의도적인 행위를 나타내고자 할 때에는 se와 간접목적격 대명사 없이 동사를 주어와 시제에 맞게 변형시켜 주면 됩니다.

🗨 Se te rompió la ventana. 너는 창문을 깨뜨렸다. (실수로)
　 Rompiste la ventana. 너는 창문을 깨뜨렸다. (의도적으로)

공부한 내용을 확인해 보세요!

❶ Mi perro _____ comió la sopa. 우리 개가 수프를 다 먹어 버렸다.

❷ Se _____ cayó la taza. 그는 찻잔을 떨어뜨렸다.

왕초보 탈출 팁

재귀의 se는 문장의 주어가 행동을 받는 반면, 강조의 se는 단지 행동을 강조하는 역할을 하며 se를 생략해도 의미는 변하지 않습니다.

단어

caer 떨어지다, 떨어지게 두다
botella 병
ventana 창문
perro 개
sopa 수프
taza 찻잔

정답
① se ② le

142

Se lo voy a decir mañana.

나는 내일 그들에게 그것을 말할 것이다.

⭐ **se의 쓰임 7** **간접목적격 대명사 le / les를 대체하는 대명사 se**

3인칭 간접목적격 대명사(le, les)와 3인칭 직접목적격 대명사(lo, la, los, las)가 연이어 함께 쓰이는 경우, l 발음이 반복되는 것을 피하기 위해서 간접목적격 대명사 le나 les가 se로 바뀝니다.

🗨 Le lo voy a decir. (X)
　 Se lo voy a decir. (O) 나는 그것을 그에게 말할 것이다.

　 Les lo envié. (X)
　 Se lo envié. (O) 나는 그것을 그들에게 보냈다.

⭐ **문장을 연결하는 접속사 que의 용법**

스페인어에서는 두 개의 문장을 연결해 하나의 문장으로 만들어 줄 때 접속사 que를 넣어서 문장들을 연결해 줍니다.

🗨 Sé que Julio canta muy bien. 나는 훌리오가 노래를 매우 잘 부른다는 것을 안다.
　 Creo que llegaré un poco tarde. 나는 조금 늦게 도착할 것 같다.

 왕초보 탈출 팁

영어의 that에 해당하는 que는 영어와는 달리 접속사로 사용되었을 때 생략되는 경우가 없다는 점을 주의해야 합니다.

 단어

llegar tarde 늦게 도착하다,
　　 지각하다
enviar 보내다
creer 믿다, 생각하다
cine 영화관 ♂

 공부한 내용을 확인해 보세요!

❶ ¿ _____ lo enviaste? 그에게 그것을 보냈니?

❷ Creo _____ Juan está en el cine. 후안은 영화관에 있는 것 같아.

 정답
① Se ② que

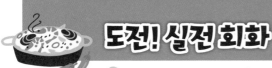

 ¿Qué piensas hacer en las vacaciones de verano?

 Lo que quiero hacer es viajar por Francia.

 ¿En serio? Tengo unos amigos que viven en París.
Creo que te pueden ayudar.

 Qué bien. Gracias.

 회화Tip

Lo que quiero~ 구문은 문장의 앞뒤를 바꾸어도 동일한 의미 표현이 됩니다.

즉, 위의 대화에서 안토니오의 답변을 "Viajar por Francia es lo que quiero hacer."라고 할 수 있습니다.

올리비아　너는 여름 방학에 뭐 할 생각이니?

안토니오　나는 프랑스 여행을 하고 싶어.

올리비아　진짜? 파리에 사는 내 친구들이 몇 명 있어.
　　　　　너를 도와줄 수 있을 거야.

안토니오　좋아. 고마워.

단어

hacer 하다, 만들다	**viajar por** ～을 여행하다
en serio 진심으로, 진지하게	**ayudar** 도와주다, 거들다

🎧 MP3 13-11 들어 보기　🎤 MP3 13-12 말해 보기

내가 원하는 것은 ~이다 Lo que quiero es ~

Lo que quiero es **un café.** 내가 원하는 것은 커피 한 잔이야.

Lo que quiero es **vivir felizmente.** 내가 원하는 것은 행복하게 사는 거야.

Lo que quiero es **ganar mucho dinero.** 내가 원하는 것은 돈을 많이 버는 거야.

(사람들은) ~라고 한다 Se dice que S + V (직설법)

Se dice que **la novela es interesante.** 그 소설이 재미있다고들 한다.

Se dice que **la economía va bien.** 사람들은 경기가 좋다고들 한다.

Se dice que **el amor es ciego.** 사랑을 하면 눈이 먼다고(사랑은 장님이라고)들 한다.

나는 ~라고 생각해 Creo que + S + V (직설법)

Creo que **hacer amigos es fácil.** 친구를 사귀는 건 쉽다고 생각해.

Creo que **viene Juan.** 후안이 올 거라고 생각해.

Creo que **el tiempo cura todo.** 시간이 약이라고 생각해.

 단어

felizmente 기쁘게, 행복하게	**ganar dinero** 돈을 벌다	**novela** 소설
economía 경제	**ir bien** (일이) 만족스럽게 진보하다, 형통하다	**amor** 사랑
ciego 시력을 잃은, 눈먼 ⑲ 장님 ⑲	**hacer un amigo** 친구를 사귀다(= hacer amigos)	**tiempo** 시간, 때, 기간
curar 치료하다, 고치다	**todo** 모든 것, 전부	

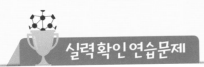

1 빈칸에 들어갈 알맞은 말을 적으세요.

1   A: ¿Qué _____ hacer este fin de semana? 너는 이번 주말에 뭘 하고 싶니?

    B: _____quiero hacer es visitar a mi abuela.

    내가 원하는 건 할머니 댁을 방문하는 거야.

2   A: ¿Quién _____ la pasta? 누가 파스타를 먹었니?

    B: Natalia _____ la pasta. 나탈리아가 파스타를 다 먹어 버렸어.

3   A: ¿Cuál es _____ difícil de aprender español?

    스페인어를 배우는데 가장 어려운 점은 뭐니?

    B: Creo _____ es la conjugación del verbo. 동사 변화인 것 같아.

2 빈칸에 들어갈 알맞은 말을 고르세요.

1   ¿ _____ entrar a la iglesia? 교회에 들어가도 되나요?

    ① Se puede   ② Se pudo   ③ Se pueden   ④ podéis

2   Se _____ cayó la bandeja. 내가 쟁반을 떨어뜨렸어. (실수로)

    ① yo   ② te   ③ nos   ④ me

3   El _____ el parabrisas de mi coche. 그는 내 자동차 앞유리를 깨뜨렸다. (의도적으로)

    ① se rompió   ② se le rompió   ③ rompe   ④ rompió

Día 14

José tiene una hija cuyo nombre es Victoria.

호세에게는 빅토리아라는 딸이 있어.

____월 ____일

핵심 문장 익히기

1

José tiene una hija cuyo nombre es Victoria.

호세에게는 빅토리아라는 딸이 있어.

★ **스페인어 관계형용사 cuyo**

cuyo는 영어의 whose에 해당하는 소유형용사의 의미를 지닌 관계형용사입니다. 따라서 선행사가 아닌 다음에 나오는 명사에 cuyo, cuya, cuyos, cuyas로 변화하여 성수를 일치시켜 줍니다.

 La chica canta muy bien. ＋ Su padre es cantante.
　그 소녀는 노래를 아주 잘 부른다.　　그녀의 아버지는 가수이다.

= La chica, cuyo padre es cantante, canta muy bien.
　아버지가 가수인 그 소녀는 노래를 아주 잘 부른다.

Julio es el doctor. ＋ Su casa está cerca del hospital.
홀리오는 의사이다.　　　그의 집은 병원 근처에 있다.

= Julio es el doctor cuya casa está cerca del hospital.
　홀리오는 병원 근처에 집이 있는 의사이다.

 왕초보 탈출 팁

cuyo는 영어의 whose에 해당하지만, 의문문에서는 cuyo를 사용하지 않고 de quién을 사용합니다.

 ¿Cuyo es este celular? (X)
¿De quién es este celular? (O)
이 휴대전화는 누구의 것입니까?

단어

chica 소녀
cantante 가수 🔵 🔴
estar cerca de ~에 가까이 있다
celular 휴대전화 🔵
compañero 동료
pasatiempo 취미, 시간 보내기
nadar 수영하다
jugar al fútbol 축구를 하다
todos los sábados 매주 토요일마다

 공부한 내용을 확인해 보세요!

❶ Luis es el compañero _____ pasatiempo es nadar. 루이스는 수영이 취미인 동료이다.

❷ Los niños, _____ escuela está cerca de aquí, juegan al fútbol todos los sábados. 이 근처에 학교가 있는 아이들은 매주 토요일마다 축구를 한다.

 정답

① cuyo ② cuya

2

Es broma.

농담이야.

⭐ Es + 명사: ~이다

영어의 It's에 해당하는 Es와 함께 명사를 사용하여 '~이다'라는 의미의 문장을 만들 수 있습니다. 활용도가 높고 두 단어로 한 문장을 만들어 사용할 수 있어서 매우 유용합니다.

- 예 Es verdad. 사실이야.
  Es mentira. 거짓말이야.
  Es broma. 농담이야.

⭐ Es + 형용사 + 동사원형: …하는 것은 ~하다

Es와 함께 형용사를 사용하여 '~하다'라는 표현을 만들 수 있습니다. 이때 뒤에 동사원형을 붙여 주면 '…하는 것은 ~하다'라는 의미가 됩니다.

- 예 Es necesario hacer ejercicios. 운동을 하는 것은 필요하다.
  Es importante saber hablar lenguas extranjeras. 외국어를 말할 줄 아는 것은 중요하다.

비교 동사원형 + es + 형용사: …하는 것은 ~하다

동사원형을 문장 맨 앞에 두고 es와 형용사를 붙여 주면 '…하는 것은 ~하다'라는 의미의 구문이 됩니다.

- 예 Aprender algo nuevo es interesante. 무언가 새로운 것을 배우는 건 흥미로워.
  Vivir en Corea es cómodo. 한국에 사는 것은 편안해.
  Tomar agua es importante. 물 마시는 것은 중요해.

공부한 내용을 확인해 보세요!

❶ _____ importante vivir felizmente.　행복하게 사는 것은 중요하다.

❷ _____ en Corea es cómodo.　한국에 사는 것은 편안하다.

 왕초보 탈출 팁

영어의 to부정사에 해당되는 표현들을 스페인어에서는 동사원형을 사용하는 경우가 많습니다. 예를 들어, '보는 것이 믿는 것이다.(백문이 불여일견)' 속담을 영어로 표현하면 'To see is to believe.'이고 스페인어로 바꿔 주면 'Ver es creer.'가 됩니다.

 단어

broma 농담
verdad 사실, 진실
mentira 거짓말
necesario 필요한
hacer ejercicios 운동을 하다
saber + 동사원형 ~할 줄 알다
lengua 혀, 언어, 국어
extranjero 외국의 형 외국인 명
algo nuevo 새로운 것
cómodo 편안한, 쾌적한

 정답

① Es　② Vivir

🎧 MP3 14-05 들어 보기　🎤 MP3 14-06 말해 보기

3

Este regalo es para ti.
이 선물은 너를 위한 거야.

전치사 para와 por의 비교

영어의 for에 해당하는 스페인어 전치사에는 para와 por가 있습니다. 이 두 가지 전치사는 쓰임과 의미상에 크고 작은 차이가 있습니다.

para의 용법	por의 용법
[목적] ～하기 위해서 🗨 Tengo que ir a Madrid para terminar mis estudios. 나는 학업을 마치기 위해서 마드리드로 가야 한다.	[이유, 원인] ～때문에 🗨 No podemos llegar a tiempo por atasco. 우리는 교통 체증 때문에 제시간에 도착할 수 없다.
[목적지] ～을 향해서, ～로, ～까지, ～행 🗨 Salgo para Suiza. 나는 스위스로 떠난다. Voy a tomar el tren para Toledo. 나는 톨레도 행 열차를 탈 것이다.	[근처, 경유지] ～을 통해서, ～을 들러서 🗨 El ladrón entró por la ventana. 도둑은 창문으로 들어왔다. Voy a pasar por la casa de Elena. 나는 엘레나의 집을 지나갈 것이다.
[기한] ～(시간)까지 🗨 Tenemos que presentar el proyecto para la semana próxima. 우리는 다음 주까지는 프로젝트를 제출해야 한다.	[시간, 기간] ～동안, ～쯤 🗨 Manuel preparó la fiesta de cumpleaños por 5 horas. 마누엘은 5시간 동안 생일파티를 준비했다.
[대비, 비교] ～에 비해, ～으로서는 🗨 Para su edad, Sebastián es alto. 세바스티안은 나이에 비해 키가 크다.	[수단, 방법] ～을 통해서, ～을 이용하여 🗨 Te voy a enviar los datos por e-mail. 너에게 자료들을 이메일로 보낼게.
[분량] ～분의 🗨 Necesitamos boletos para tres personas. 우리들은 세 명분의 티켓이 필요하다.	[수동] ～에 의해서 🗨 La novela fue escrita por Manolo. 그 소설은 마놀로에 의해 쓰여졌다.
[용도, 대상] ～을 위해서, ～을 대상으로 하는 🗨 Esta toalla es para niños. 이 수건은 내 아이들용이다. Hay un mensaje para ti. 너에게 온 메시지가 있어.	[대가, 교환] ～(금액)으로, ～와 바꾸어서 🗨 Compré el coche por treinta mil euros. 자동차를 3만 유로에 샀다. He cambiado mil dólares por euros. 천 달러를 유로로 환전했어.
[의견] ～생각에는 🗨 Para mí, París es una ciudad bonita. 제 생각에는 파리는 아름다운 도시예요.	[단위, 배분] ～당 🗨 Ella conduce a 100 kilómetros por hora. 그녀는 시속 100km로 운전한다.
	[대체] ～을 대신하여 🗨 Alejandra va a asistir a la reunión por Ana. 아나를 대신해 알레한드라가 회의에 참여할 것이다.

para와 por의 의미 비교

대체로 para는 좀 더 구체적이고 정확한 어떤 행동의 목적과 의도, 정확한 목적지, 시점을 의미합니다. 반면, por는 어떤 행동의 이유와 원인, 대략적인 시간이나 공간을 의미합니다.

단어

estudio 연구, 학업
atasco 교통 체증
Suiza 스위스
ladrón 도둑 👨
ventana 창문
enviar 보내다
dato 자료
boleto 표, 티켓
toalla 수건
cambiar 바꾸다, 환전하다
conducir 운전하다
kilómetro 킬로미터
reunión 회의, 모임

4

Hay que hacer una larga fila para entrar al museo.

박물관에 들어가기 위해 긴 줄을 서야 한다.

⭐ 스페인어의 가짜 친구들(Falsos amigos)

스페인어에는 영어와 비슷한 단어들이 많이 있어 암기하기에 편리한 점이 있습니다. 그러나 영어와 비슷하지만 뜻은 전혀 다른 단어들이 있기 때문에 항상 정확한 뜻을 확인한 후에 사용하는 습관을 갖도록 해야 합니다. 스페인어로는 이런 어휘들을 '가짜 친구들(falsos amigos)'이라고 부릅니다.

스페인어 단어	영어 가짜 친구
actualmente 현재	**actually** 실제로
asistir 참석하다	**assist** 돕다
carpeta 문서철, 서류가방, 폴더	**carpet** 카펫
decepción 실망	**deception** 기만, 사기
embarazada 임신한	**embarrased** 당황한
éxito 성공	**exit** 출구
largo 긴	**large** 큰
librería 서점	**library** 도서관
pretender 시도하다, 바라다	**pretend** ~인 척하다
realizar 실행하다	**realize** 알아차리다
recordar 기억하다, 생각해내다	**record** 기록하다
sopa 수프	**soap** 비누
once 숫자 11	**once** 한번

단어

fila 줄, 열
difícil 어려운 🔵 🔴
alcanzar 도달하다, 이르다

공부한 내용을 확인해 보세요!

❶ **Manolo va a la _____.**   마놀로는 서점에 간다.

❷ **Es difícil alcanzar el _____.**   성공하기란 쉽지 않다.

정답

① librería ② éxito

도전! 실전 회화

🎧 MP3 14-09 들어 보기　🎤 MP3 14-10 말해 보기

 Olivia **Antonio, ¿Adónde vas?**

 Antonio **Voy a visitar a mi amigo cuya casa está en la colina.**
Vamos a hacer camping cerca de su casa.

 Olivia **Genial. Ten un buen tiempo.**

 Antonio **Gracias, nos vemos en la escuela.**

 회화Tip

스페인어에는 영어를 그대로 가져와서 만든 표현들이 많이 있습니다. 'hacer camping(캠핑하다)' 외에도 'hacer marketing(마케팅하다)'를 예로 들 수 있습니다. 여기에서 주의할 점은 영어를 사용하지만 스페인어식으로 발음해야 한다는 점입니다. 즉, '캠핑'은 camping [깜삥], '마케팅'은 marketing [마르께띵]으로 읽어 줍니다.

올리비아 안토니오, 너 어디 가니?

안토니오 언덕에 집이 있는 친구를 만나러 가.
그 집 근처에서 캠핑을 할 거야.

올리비아 멋진데. 좋은 시간 보내.

안토니오 고마워. 학교에서 보자.

단어

colina 언덕
genial 멋진, 굉장한, 훌륭한

hacer camping 캠핑하다 (= acampar)
tiempo 시간, 때, 기간

cerca de ~에서 가까이
escuela 학교

기본 회화 연습

🎧 MP3 14-11 들어 보기　🎤 MP3 14-12 말해 보기

~하기 위해서 para + 동사원형

Para entrar al Palacio Real, hay que comprar boletos.
왕궁에 들어가기 위해서 표를 사야 한다.

Para llegar a tiempo, necesitas salir de casa ahora.
제시간에 도착하기 위해서 너는 지금 집을 나가야 한다.

Martínez vino a Corea para ganar dinero.
마르티네스는 돈을 벌기 위해 한국에 왔다.

~이다 Es + 명사

Es el libro de Sara.　사라의 책이다.

Es mentira.　거짓말이다.

Es un parque de atracciones.　놀이공원이다.

~하는 것은 …이다 동사원형 + es ~

Saber es poder.　아는 것이 힘이다.

Practicar es importante para aprender idiomas.
언어를 배우기 위해서 연습하는 것이 중요하다.

Ver es creer.　보는 것이 믿는 것이다.

단어

llegar a tiempo 제시간에 도착하다
parque de atracciones 놀이공원
aprender idiomas 언어를 배우다

mentira 거짓말
poder ~할 수 있다 🅳 힘, 능력 🅝
creer 믿다, 생각하다

1 빈칸에 들어갈 알맞은 말을 적으세요.

1 A: **¿Quién es él?** 그는 누구니?

   B: **Es el estudiante _____ madre es enfermera de la escuela.** 그는 어머니가 학교 간호사이신 학생이야.

2 A: **¿Quién es Gabriel García Márquez?** 가브리엘 가르시아 마르케스가 누구지?

   B: **Es el autor _____ obra más famosa es 'Cien años de soledad'.** 그는 가장 유명한 작품이 '백년의 고독'인 작가야.

3 A: **¿Es seguro comprar _____ Internet?** 인터넷 쇼핑이 안전할까?

   B: **Creo que sí. Compro ropa _____ mis niños.**
   그런 것 같아. 나는 우리 아이들을 위한 옷을 구매해.

2 빈칸에 들어갈 알맞은 말을 고르세요.

1 **_____ su edad, Daniel es inteligente.** 나이에 비해, 다니엘은 영리하다.

   ① De   ② Por   ③ A   ④ Para

2 **_____ fácil memorizar vocabulario.** 어휘를 암기하는 것은 쉽다.

   ① Está   ② Ser   ③ Es   ④ Era

3 **Es necesario _____ bien.** 잘 쉬는 것이 필요하다.

   ① descanso   ② descansar
   ③ descansando   ④ descansado

Día 15

¿Podría usar
el teléfono?

전화 좀 사용해도 될까요?

월   일

MP3와 강의를
들어 보세요

¡Hola!

공부 순서

동영상 강의

본책

복습용 동영상

단어장

단어 암기 동영상

핵심 문장 익히기

1

¿Podría usar el teléfono?

전화 좀 사용해도 될까요?

★ 스페인어 가능법

스페인어의 가능법은 현재 사실에 대한 반대 가설, 정중한 표현, 과거에서 본 미래, 과거 추측 등을 표현할 때 사용합니다. 가능법 규칙동사의 경우에는 -ar, -er, -ir로 끝나는 동사 모두 동사원형에 -ía를 붙여서 만들 수 있습니다.

★ -ar로 끝나는 가능법 규칙동사 변화

📀 hablar 말하다

yo	hablaría	nosotro(a)s	hablaríamos
tú	hablarías	vosotro(a)s	hablaríais
él / ella / usted	hablaría	ellos / ellas / ustedes	hablarían

★ -ar로 끝나는 가능법 규칙동사들

estudiar 공부하다

comprar 사다

trabajar 일하다

cocinar 요리하다

limpiar 청소하다

terminar 끝내다, 끝나다, 종결하다

descansar 쉬다, 휴식을 취하다

llegar 도착하다

acabar 끝내다

esperar 기다리다

llamar 부르다

enviar 보내다

preparar 준비하다

cantar 노래하다

bailar 춤추다

necesitar 필요하다

regalar 선물하다

quedar 만나다

ganar 벌다, 이기다

contar 세다

encontrar 찾다, 발견하다

entrar 들어가다

pensar 생각하다

usar 사용하다

📀 Anoche Jorge estaría en casa. 어젯밤에 호르헤는 집에 있었을 거야.
　　Juan llegaría a tiempo. 후안은 제시간에 도착했겠지.

 단어

llegar a tiempo 제시간에 도착하다

★ –er로 끝나는 가능법 규칙동사 변화

예 comer 먹다

yo	comería	nosotro(a)s	comeríamos
tú	comerías	vosotro(a)s	comeríais
él / ella / usted	comería	ellos / ellas / ustedes	comerían

★ –er로 끝나는 가능법 규칙동사들

aprender 배우다	correr 달리다, 뛰다
vender 팔다	comprender 이해하다
beber 마시다	nacer 태어나다
volver 돌아가다	temer 겁이 나다
conocer 알다	perder 잃다, 분실하다

예 **A:** ¿Cuántos años tenías cuando viniste a Corea? 너 한국에 왔을 때 몇 살이었지?

B: Tendría 5 años. 아마도 5살이었지. (과거 추측)

★ –ir로 끝나는 가능법 규칙동사 변화

예 vivir 살다

yo	viviría	nosotro(a)s	viviríamos
tú	vivirías	vosotro(a)s	viviríais
él / ella / usted	viviría	ellos / ellas / ustedes	vivirían

★ –ir로 끝나는 가능법 규칙동사들

escribir 쓰다	recibir 받다
dividir 나누다	compartir 공유하다
abrir 열다	permitir 허락하다
sufrir 고통을 받다	salir 나가다
subir 오르다	ir 가다

예 Ella me dijo que se iría de viaje el viernes. 그녀는 금요일에 여행을 떠날 것이라고 말했다. (과거에서 본 미래)

 단어

año 연, 1년간
ir de viaje 여행을 가다
viernes 금요일

핵심 문장 익히기

★ 스페인어 가능법 불규칙동사 변화

haber 있다, 기존하다	habr	
poder ~할 수 있다	podr	
saber 알다, 알고 있다	sabr	
poner 놓다, 두다	pondr	- ía
salir 나가다	saldr	- ías
tener 가지다, 소유하다	tendr	- ía
valer ~의 가치가 있다	valdr	- íamos
venir 오다	vendr	- íais
decir 말하다	dir	- ían
hacer 하다, 만들다	har	
querer 원하다, 바라다, 사랑하다	querr	

왕초보 탈출 팁

가능법 불규칙 동사 변화의 경우, 직설법 미래형과 어간이 동일하기 때문에 함께 외우면 기억하기 수월합니다.

예 poder의 가능법
podría
podrías
podría
podríamos
podríais
podrían

poder의 단순미래형
podré
podrás
podrá
podremos
podréis
podrán

★ 접미사 –ría / –ía로 끝나는 스페인어 명사 어휘들

스페인어에서는 명사에 장소를 의미하는 접미사인 -ría / -ía를 붙여서 해당 명사에 관련된 장소임을 나타내는 표현들이 많습니다.

cafetería 카페, 커피숍 (café 커피)
panadería 빵 가게, 베이커리 (pan 빵)
pizzería 피자 가게 (pizza 피자)
heladería 아이스크림 가게 (helado 아이스크림)
lavandería 세탁소 (lavar 세탁하다, 씻다)
ropería 옷 가게 (ropa 옷, 의복)
florería 꽃 가게 (flor 꽃)
frutería 과일 가게 (fruta 과일)
peluquería 이발소 (pelo 머리털, 체모)

librería 서점 (libro 책)
papelería 문구점 (papel 종이)
carnicería 정육점 (carne 고기)
relojería 시계방, 시계 매장 (reloj 시계)

왕초보 탈출 팁

스페인어 문화권 상점들의 간판에 적혀 있는 단어의 앞부분을 보고 어떤 곳인지 쉽게 알아볼 수 있습니다.

공부한 내용을 확인해 보세요!

❶ Tú, en mi lugar, ¿qué _____ (decir) tú? 네가 나라면, 무슨 말을 하겠니?

❷ ¿_____ (poder) comprarme un pastel de chocolate en la panadería? 빵 가게에 가서 초콜릿 케이크를 사다 주실 수 있으세요?

단어

pastel de chocolate 초콜릿 케이크

정답

① dirías ② Podría

2

Él me dijo que adelgazaría.

그는 나에게 살을 뺄 거라고 말했다.

★ 가능법의 구체적인 용법

스페인어에서 가능법은 과거와 현재 시제에 모두 사용되며, 구체적인 용법은 다음과
같습니다.

1. 과거 시점에서 바라본 미래
주절의 동사가 과거일 때 종속절의 내용이 주절의 동사 시점을 기준으로 그보다 미래
일 때 사용됩니다.

예 Él me dijo que adelgazaría. 그는 나에게 살을 뺄 거라고 말했다.
Juana me dijo que vendría pronto. 후아나는 나에게 곧 오겠다고 말했다.

2. 과거에 일어난 일에 대한 추측
현재 시점에서 보았을 때 과거 사실에 대한 추측을 나타내는 데 사용됩니다.

예 Luis estaría en hospital anteayer. 루이스는 그저께 병원에 있었을 거야.
A: ¿Qué hora sería? 몇 시쯤이었을까?
B: Serían las cinco de la tarde. 오후 다섯 시쯤이었을 거야.

🌿 왕초보 탈출 팁

과거에 일어난 일에 대해 확신을
갖고 말할 때에는 직설법 과거시
제를 사용해 줍니다.

예 Ana estuvo en el cine.
아나는 영화관에 있었다. (확신)
Ana estaría en el cine.
아나는 영화관에 있었을 거야. (추측)

공부한 내용을 확인해 보세요!

❶ **Elena me dijo que** _____ (comprar) **un escritorio.**
엘레나는 책상을 하나 살 거라고 말했다.

❷ **Manuel** _____ (estar) **en la papelería.** 마누엘은 문구점에
있었을 거야.

 단어

adelgazar (체중을) 줄이다
anteayer 그저께
escritorio 책상

 정답
① compraria　② estaría

🎧 MP3 15-05 들어 보기　🎤 MP3 15-06 말해 보기

3

¿Le importaría cerrar la ventana?

창문을 닫아도 될까요?

3. 현재 시제에서 공손하고 정중한 표현으로의 가능법

스페인어에서 현재 시제를 사용하면 다소 직설적인 말의 어감이 느껴질 수 있기 때문에, 이를 가능법을 사용하여 조금 더 완곡하게 표현하여 공손한 의미를 나타낼 때 사용할 수 있습니다.

예 ¿Le importaría cerrar la ventana? 창문을 닫아도 될까요?

¿Podría decirme dónde hay una parada de taxis? 택시 정거장이 어디에 있는지 말씀해 주시겠어요?

4. 현재나 미래에 대한 가정적인 바람, 간절한 소망

현재나 미래에 이루어질 가능성은 적지만 간절히 바라는 바람과 소망을 표현하고 싶을 때 가능법을 사용합니다.

예 Sería bueno visitar a los abuelos con frecuencia. 조부모님을 자주 방문하면 좋겠지. (자주 방문할 수 없는 상황)

Me encantaría poder salir con Miguel. 미겔과 데이트를 할 수 있으면 정말 좋을 텐데. (데이트를 할 수 없는 상황)

5. 충고 / 조언을 하고 싶을 때 / 가정적인 상황 + 가정적인 표현

가능법을 사용하여 충고 및 조언을 할 수 있습니다. 이때, 'yo que tú(내가 너라면)'나 'tú, en mi lugar(네가 나라면)' 등의 표현과 함께 사용됩니다.

예 Yo que tú, emigraría a Canadá. 내가 너라면, 캐나다로 이민 갈 텐데.

Tú, en mi lugar, ¿qué comprarías? 네가 나라면, 뭘 사겠니?

 단어

ventana 창문

parada de taxis 택시 정거장

con frecuencia 종종, 자주

salir con ~와 사귀다, 데이트를 하다

emigrar 이민 가다, (다른 나라로) 이주하다

hablar con ~와 대화하다

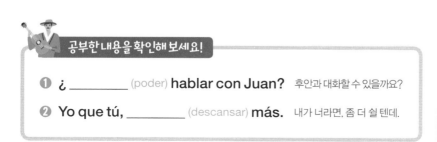

공부한 내용을 확인해 보세요!

❶ ¿ _____ (poder) hablar con Juan? 후안과 대화할 수 있을까요?

❷ Yo que tú, _____ (descansar) más. 내가 너라면, 좀 더 쉴 텐데.

 정답

① Podría　② descansaría

164

4

Los vi comprar meriendas.

나는 그들이 간식을 사는 것을 보았다.

★ 지각동사와 동사원형, 현재분사

'…가 ~하는 것을 보다/듣다/느끼다' 등을 표현하는 경우, 다음과 같은 구문들을 사용하여 주동사의 목적어가 동사원형, 현재분사의 의미상의 행위자가 되는 문장을 만들 수 있습니다.

1. 지각동사 + 동사원형 + 목적어: …가 ~하는 것을 보다/듣다

예 **Vi llegar el taxi.** 나는 택시가 도착하는 것을 보았다.
　　Vimos comer pizza a Luis. 우리들은 루이스가 피자를 먹는 것을 보았다.

2. 지각동사 + 목적어 + 현재분사: …가 ~하는 것을 보고 있다/듣고 있다

예 **Oigo a los niños cantando en la calle.** 나는 아이들이 거리에서 노래 부르는 것을 듣고 있다.

3. 목적격 대명사 + 지각동사 + 동사원형: …가 ~하는 것을 보다/듣다

예 **Te vi correr.** 나는 네가 달리는 것을 보았다.

4. 목적격 대명사 + 지각동사 + 현재분사: …가 ~하는 것을 보고 있다/듣고 있다

예 **La oigo cantando.** 나는 그녀가 노래 부르는 것을 듣고 있다.

공부한 내용을 확인해 보세요!

❶ **Los oigo _____** (cantar).　나는 그들이 노래하는 것을 듣고 있다.

❷ **_____** (ver) **correr a los niños.**　우리는 아이들이 뛰어가는 것을 보고 있었다.

 단어

merienda 간식
calle 길, 거리 ⊙
correr 달리다, 뛰다

 정답

① cantar　② Veíamos

 Buenos días.
¿Podría mostrarme su pasaporte?

 Buenos días. Aquí tiene.

 ¿Por qué motivo vino a Italia?

 Por viaje.

 **Vale. Pase, por favor.**

 회화Tip

스페인어로 어떤 것을 부탁하고 싶을 때에는 '명사 + por favor'의 간단한 구문으로 원하는 것을 공손히 요구할 수 있습니다.

⓶ Un vaso de agua, por favor. 물 한 잔만 주세요.
　Una manta, por favor. 담요 한 장 주세요.

직원	안녕하세요. 여권 좀 보여 주시겠습니까?
올리비아	안녕하세요. 여기 있습니다.
직원	이탈리아에는 어떤 목적으로 오셨습니까?
올리비아	여행차 왔습니다.
직원	좋습니다. 통과하십시오.

기본 회화 연습

MP3 15-11 들어 보기   🎤 **MP3** 15-12 말해 보기

~해 주시겠습니까? ¿Podría + 동사원형?

¿Podría darme un vaso de agua? 물 한 잔 주시겠어요?

¿Podría traerme una manta? 담요 한 장 가져다 주시겠어요?

¿Podría tomarme una foto? 사진 한 장 찍어 주시겠어요?

~하면(했으면) 좋겠다 Me gustaría ~

Me gustaría pedirte un favor. 너에게 부탁 하나 했으면 좋겠어.

Me gustaría tomar una foto. 사진 한 장 찍었으면 좋겠어.

Me gustaría visitar el palacio real. 왕궁에 가 봤으면 좋겠어.

내가 너라면, ~할 텐데 Yo que tú, 가능법 현재 시제

Yo que tú, compraría una casa. 내가 너라면, 집을 살 텐데.

Yo que tú, iría al hospital. 내가 너라면, 병원에 갈 텐데.

Yo que tú, trabajaría en Seúl. 내가 너라면, 서울에서 일할 텐데.

단어

un vaso de agua 물 한 잔   **manta** 담요   **pedir un favor** 부탁하다
palacio real 왕궁

1 빈칸에 들어갈 알맞은 동사 형태를 적으세요.

1 A: **Mi marido y yo no nos entendemos.** 우리 남편과 나는 서로를 이해하지 못해.

   B: **Yo que tú, _____ con tu marido.** 내가 너라면 네 남편과 대화를 할 텐데.

2 A: **¿ _____ traerme una toalla?** 수건 한 장 주시겠어요?

   B: **En seguida.** 바로 갖다 드릴게요.

3 A: **Juan y Ana _____ a tiempo.** 후안과 아나는 제시간에 도착했겠지.

   B: **No, ellos _____ tarde por el tráfico.**

   아니, 그들은 교통 체증으로 늦게 도착했어.

2 빈칸에 들어갈 알맞은 말을 고르세요.

1 **Me _____ estar contigo.** 나는 너와 함께 있고 싶어.

   ① **gustó**　　　② **gustas**　　　③ **gustaría**　　　④ **gustar**

2 **Lo _____ caminar por la calle.** 나는 그가 거리를 따라 걸어가는 것을 본다.

   ① **vi**　　　② **vio**　　　③ **veo**　　　④ **he visto**

3 **¿Podría _____ con el profesor?** 교수님과 말씀 좀 나눌 수 있을까요?

   ① **hablar**　　　② **hablando**　　　③ **hablé**　　　④ **hablaré**

Día 16

최종 확인 복습문제

지금까지 공부한 내용을 문제를 통해 확인해 보세요.
틀린 문제나 헷갈리는 문제는 그 내용을 공부했던
페이지로 돌아가 한 번 더 복습해 주세요.

Día 09

→ 정답은 182쪽

1 보기 와 같이 단순과거와 과거완료를 사용하여 다음의 문장을 바꾸세요.

> 보기 Lola prepara el almuerzo. Ricardo ya ha comido.
> 롤라는 점심을 준비한다. 리카르도는 이미 식사를 했다.
>
> → Lola preparó el almuerzo. Recardo ya había comido.
> 롤라는 점심을 준비했다. 리카르도는 이미 식사를 했었다.

1 Perla va al cine. El cine ya ha cerrado. 페를라는 영화관에 간다. 영화관은 이미 닫혀 있다.

→ _____

2 El teléfono suena. Ellos ya han salido. 전화기가 울린다. 그들은 이미 나갔다.

→ _____

2 보기 와 같이 다음의 두 개의 문장을 que를 사용하여 하나의 문장으로 완성해 보세요.

> 보기 Envié un e-mail a mi pariente. Ella vive en Italia.
> 나는 나의 친척에게 이메일을 보냈다. 그녀는 이탈리아에 산다.
>
> → Envié un e-mail a mi pariente que vive en Italia.
> 나는 이탈리아에 사는 나의 친척에게 이메일을 보냈다.

1 El vestido es de mi madre. Está en la cama. 원피스는 우리 어머니의 것이다. 침대 위에 있다.

→ _____

2 Elena es la estudiante. Ella tiene un coche. 엘레나는 그 학생이다. 그녀는 자동차를 갖고 있다.

→ _____

3 다음의 문장을 관계대명사 que 또는 quien(es)를 넣어 완성해 보세요.

1 Los compañeros, _____ trabajan en mi oficina, son amables.

내 사무실에서 일하는 동료들은 친절하다.

2 Ella es la chica de _____ me dijo Jorge. 그녀는 호르헤가 나에게 말했던 소녀이다.

3 Juan y Julio son los profesores con _____ juego al tenis.

후안과 훌리오는 나와 테니스를 같이 치는 교수님들이다.

Día 10

⊕ 정답은 182쪽

1 보기 와 같이 각 문장의 현재시제를 미래시제로 바꾸세요.

> 보기 Probablemente los niños tienen hambre. 아마도 아이들은 배가 고플 거야.
>
> → Los niños tendrán hambre. 아이들은 배가 고플 거야.

1 Probablemente el cine está cerrado. 아마도 영화관은 닫혀 있을 거야.

→ _____

2 Probablemente hay mucha gente en la boda. 아마도 결혼식에는 많은 사람들이 있을 거야.

→ _____

2 보기 와 같이 각 문장의 'ir a + 동사원형' 구문을 단순미래형으로 바꾸세요.

> 보기 Vamos a ir a Uruguay este mes. 우리들은 이번 달에 우루과이에 가려고 한다. (갈 예정이다.)
>
> → Iremos a Uruguay este mes. 우리들은 이번 달에 우루과이에 갈 것이다.

1 Ustedes van a hacer el check-in. 당신들은 체크인을 하려고 한다. (할 예정이다.)

→ _____

2 Vais a dar un regalo a vuestra sobrina. 너희들은 조카에게 선물을 주려고 한다. (줄 계획이다.)

→ _____

3 보기 와 같이 각 문장의 단순미래를 미래완료 형태로 바꾸세요.

> 보기 Ellos regresarán a su país la semana próxima.
> 그들은 다음 주에 본국으로 돌아갈 것이다.
>
> → Ellos ya habrán regresado a su país la semana próxima.
> 그들은 다음 주면 이미 본국에 돌아갔을 것이다.

1 Ella venderá sus muebles mañana. 그녀는 내일 자신의 가구들을 팔 것이다.

→ _____

2 Todo el mundo sabrá la verdad el lunes. 월요일에 모두들 그 사실을 알게 될 것이다.

→ _____

 Día 11

→ 정답은 182쪽

1 보기 와 같이 각 문장의 명사 형태 직접목적어를 직접목적격 대명사로 바꾸세요.

> 보기   Quiero comprar diez naranjas. 나는 오렌지 열 개를 사고 싶다.
>
> → Quiero comprarlas. 나는 그것들을 사고 싶다.

1 **Los estudiantes leen el libro de la historia mundial.** 학생들은 세계사 책을 읽는다.

→ _____

2 **El camarero me recomendó este plato.** 웨이터가 나에게 이 음식을 추천해 주었다.

→ _____

2 보기 와 같이 직접목적어를 직접목적격 대명사로 바꾸어서 다음의 질문에 대해 긍정으로 답하세요.

> 보기   Q: ¿Te recomendaron la tienda Eduardo y Sara?
> 에두아르도와 사라가 너에게 그 상점을 추천했니?
>
> A: Sí, Eduardo y Sara me la recomendaron.
> 응, 에두아르도와 사라가 나에게 그것을 추천했어.

1 Q: **¿Le escribes un mensaje de texto?** 너는 그에게 문자 메시지를 보내니?

A: _____

2 Q: **¿Nos trae los refrescos Ana?** 아나가 우리에게 음료수를 가져다주니?

A: _____

3 다음 문장에서 틀린 부분을 찾아 바르게 고치세요.

1 **Estoy te enseñándolo.** 나는 너에게 그것을 가르쳐 주고 있다.

→ _____

2 **Nosotros queremos quedarse en este hotel.** 우리들은 이 호텔에 숙박하기를 원한다.

→ _____

3 **Ustedes esperan los.** 당신들은 그들을 기다린다.

→ _____

정답은 182쪽

 Día 12

1 상호의 se 구문을 사용하여 빈칸에 들어갈 알맞은 동사 변화 현재형을 적으세요.

1 Ana y Daniel _____(amar) mucho. 아나와 다니엘은 서로를 무척 사랑한다.

2 Mis padres _____(llamar) por teléfono todos los días.

 나의 부모님은 매일 서로 전화 통화를 하신다.

3 Nosotros _____(saludar) por las mañanas. 우리들은 아침마다 서로 인사를 나눈다.

4 Mis amigos y yo _____(ayudar) con los proyectos.

 내 친구들과 나는 프로젝트를 서로 도와준다.

2 보기 와 같이 다음의 질문에 대해 부정으로 답하세요.

보기 Q: ¿Te cepillaste los dientes después de almorzar?

 너는 점심 먹고 이를 닦았니?

 A: No, no me cepillé los dientes.

 아니, 이 안 닦았어.

1 Q: ¿Te duchaste hoy? 너는 오늘 샤워를 했니?

 A: _____

2 Q: ¿Se saludaron los estudiantes? 학생들은 서로 인사를 했니?

 A: _____

3 Q: ¿Os lavasteis las manos después de llegar a casa? 너희들은 집에 도착한 후에 손을 씻었니?

 A: _____

3 다음 주어진 단어를 사용하여 문장을 완성하세요.

vender   abrir   pintar

1 Se _____ queso. 치즈를 판매합니다.

2 Se _____ las tiendas a las 9 de la mañana. 가게들은 아침 9시에 문을 엽니다.

3 Los edificios se _____ de gris. 건물들은 회색으로 칠해져 있다.

Día 13

→ 정답은 183쪽

1 다음의 문장을 관계대명사 que 또는 lo que를 넣어 완성해 보세요.

1 Yo iba a pasear en el parque _____ estaba cerca del gimnasio.
나는 헬스장에서 가까이에 있는 공원에 산책하러 가곤 했다.

2 ¡Dime _____ estás pensando! 네가 생각하는 걸 말해 봐!

3 El edificio, _____ tiene el techo azul, es el laboratorio. 파란색 지붕의 건물이 연구실이다.

4 _____ más me gusta es jugar al ajedrez. 내가 가장 좋아하는 것은 체스를 두는 것이다.

2 다음의 문장을 무인칭의 se 구문을 사용하여 현재시제로 완성해 보세요.

1 En Japón _____(hablar) japonés. 일본에서는 일본어를 말한다.

2 _____(decir) que va a nevar. 사람들은 눈이 올 거라고 말한다.

3 _____(comer) arroz en Corea. 한국에서 사람들은 쌀을 먹는다.

3 빈칸에 들어갈 알맞은 간접목적격 대명사를 적으세요.

1 A: ¿Puedes mostrarme el menú? 나에게 메뉴를 보여 줄 수 있니?

   B: Sí, _____ lo voy a mostrar ahora mismo. 응. 지금 바로 보여 줄게.

2 A: ¿Le regalamos la pluma? 그에게 펜을 선물할까?

   B: Sí, _____ lo vamos a regalar. 응. 그에게 그것을 선물하자.

4 보기 와 같이 각 문장의 명사형으로 쓰인 목적어를 목적격 대명사로 바꾸세요.

> 보기 Quiero comprarte un vestido. 나는 너에게 원피스를 사 주고 싶어.
>
> → Quiero comprártelo. 나는 그것을 너에게 사 주고 싶어.

1 Quiero comprarle un helado. 나는 그에게 아이스크림을 사 주고 싶어.

   → _____

2 Quiero compraros un coche. 나는 너희들에게 자동차를 사 주고 싶어.

   → _____

⊖ 정답은 183쪽

 Día 14

1 다음 문장의 의미에 맞도록 빈칸에 para 또는 por를 적으세요.

1 후안은 나이에 비해 영리하다. → Juan es listo _____ su edad.

2 나는 나의 상사 대신 모임에 참석할 것이다. → Voy a asistir a la reunión _____ mi jefe.

3 후아나는 목요일까지 보고서를 끝마쳐야 한다.

→ Juana tiene que terminar su informe _____ el jueves.

4 나는 10달러에 그 책을 샀다. → Compré el libro _____ diez dólares.

5 너는 왜 파티에 오지 않았니? → ¿ _____ qué no viniste a la fiesta?

2 단어의 순서를 의미에 맞게 나열하여 문장을 완성해 보세요.

1 새로운 친구를 사귀는 것은 흥미롭다. es, interesante, amigos, hacer, nuevos

→ _____

2 다른 사람들을 돕는 것은 우리들을 더욱 행복하게 만든다.

personas, otras, ayudar, hace, felices, nos, más

→ _____

3 말을 많이 할 필요는 없다. necesario, mucho, hablar, es, no

→ _____

3 다음 주어진 단어를 사용하여 문장을 완성하세요.

éxito   largo   biblioteca   asisitir

1 Para tener _____, hay que trabajar mucho. 성공하기 위해서는 일을 열심히 해야 한다.

2 Quiero _____ al evento internacional. 나는 그 국제 행사에 참석하기를 원한다.

3 Hay una _____ fila de personas en el banco. 은행에는 사람들이 긴 줄을 서 있다.

4 Voy a la _____ para devolver la revista. 나는 잡지를 반납하러 도서관에 간다.

🌵 Día 15

→ 정답은 183쪽

1 빈칸에 들어갈 알맞은 가능법 형태를 적으세요.

1 ¿ _____(poder) **entrar?** 들어가도 되나요?

2 **Me** _____(gustar) **ver al doctor.** 가능하다면 그 의사 선생님을 만났으면 좋겠는데.

3 **Yo que tú,** _____(hablar) **con el encargado.** 내가 너라면. 책임자와 이야기할 텐데.

4 **Elena** _____(llegar) **temprano a Lima.** 엘레나는 리마에 일찍 도착했겠지.

2 다음 주어진 단어를 사용하여 문장을 완성하세요.

carnicería   panadería   florería   lavandería

1 **Compra dos kilos de carne de res en la** _____. 소고기 2킬로그램을 정육점에서 사라.

2 **Esta** _____ **es muy famosa en Buenos Aires.** 이 빵 가게는 부에노스 아이레스에서 매우 유명하다.

3 **En la** _____ **se venden flores.** 꽃 가게에서는 꽃을 판다.

4 **Hay una** _____ **enfrente de mi oficina.** 나의 사무실 앞에 세탁소가 하나 있다.

3 단어의 순서를 의미에 맞게 나열하여 문장을 완성해 보세요.

1 나는 프란시스코가 미소 짓는 것을 본다.   sonreír, a, Francisco, veo

→ _____

2 우리들은 로베르토가 노래 부르는 것을 들었다.   Roberto, cantar, a, oímos

→ _____

3 당신들은 후안과 호세가 뛰어가는 것을 보고 있었다.   corriendo, Juan y José, ustedes, veían, a

→ _____

4 그들은 많은 자전거들이 지나가는 것을 보고 있었다.   veían, pasar, bicicletas, muchas, ellos

→ _____

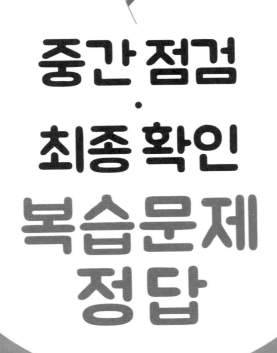

중간 점검
· 최종 확인
복습문제
정답

Día 02

→ 문제 90쪽

1

1 Elena recibió un regalo muy bonito.
엘레나는 아주 예쁜 선물을 받았다.

2 Ustedes vieron una película española.
당신들은 스페인 영화를 봤다.

3 Tú dijiste la verdad. 너는 진실을 말했다.

2

1 Comimos bien en el restaurante.

2 ¿Cómo pasaste el fin de semana?

3 Vivieron 2 años en Paraguay.

3

1 Ayer, Luisa se pintó los ojos.

2 Romeo y Julieta se amaron hasta la muerte.

3 Ellos se ayudaron unos a otros.

Día 03

→ 문제 91쪽

1

1 nadaba   **2** cenábamos

3 creían   **4** era

5 llegaba   **6** quería

7 leía   **8** gritaba

9 veíamos   **10** estaba

2

1 Luisa estaba muy feliz en la fiesta.

2 Mis amigos y yo jugábamos en un equipo de fútbol.

3 Juan hacía sopa de pollo para su abuelo.

Día 04

→ 문제 92쪽

1

1 Lidia esperaba el autobús.
리디아는 버스를 기다리고 있었다.

2 Estudiaba periodismo.
나는 저널리즘을 공부하고 있었다.

3 Enrique y su familia vivían en los Estados Unidos.
엔리케와 그의 가족은 미국에 살고 있었다.

4 No gastaba mucho dinero en ropa.
나는 옷을 사는 데 많은 돈을 쓰지 않았었다.

2

1 Yo llamé por teléfono a mi tío.
나는 삼촌에게 전화를 걸었다.

2 Isabel y yo fuimos a la fiesta.
이사벨과 나는 파티에 갔다.

3 Clara caminó aproximadamente 10 kilómetros. 클라라는 대략 10킬로미터를 걸었다.

4 Nos quedamos en un hotel.
우리들은 호텔에 묵었다.

Día 05

→ 문제 93쪽

1

1 pude   **2** hicieron

3 fueron   **4** durmieron

1 Daniel pidió el plato del día.

2 La comida estuvo muy rica.

3 Mis amigos y yo dimos una fiesta.

4 Elena apagó la luz.

1 Ya entregué la tarea. 나는 이미 숙제를 제출했어.

2 Ya pagué la cuenta. 나는 이미 계산했어.

3 Ya jugué al fútbol con mis amigos.
나는 이미 나의 친구들과 축구를 했어.

🌵 Día 06

→ 문제 94쪽

1

1 Pero ayer vine en taxi.
그러나 어제는 택시를 타고 왔다.

2 Pero ayer me duché por la mañana.
그러나 어제는 아침에 샤워를 했다.

3 Pero ayer pagué en efectivo.
그러나 어제는 현금으로 결제를 했다.

4 Pero ayer hice la compra en el
supermercado.
그러나 어제는 슈퍼마켓에서 구매를 했다.

2

1 A: dijiste   B: dije

2 A: fuiste   B: fui

3 A: hizo   B: hicieron

4 A: estuviste   B: Estuve

🌵 Día 07

→ 문제 95쪽

1

1 veía   **2** era / iba

3 eran

2

1 Solías dormir en el sofá.
너는 소파에서 잠을 자곤 했다.

2 Solía perder mis cosas.
나는 물건을 잘 잃어버리곤 했다.

3 Mis primos solían viajar a varios
países extranjeros.
나의 사촌들은 해외 여러 나라들을 여행하곤 했다.

3

1 No, pero antes conducía.
아니, 예전에는 운전했었어.

2 No, pero antes veíamos muchas
películas. 아니, 예전에는 영화를 많이 봤었어.

3 No, pero antes iban a la biblioteca.
아니, 예전에는 도서관에 갔었어.

Día 09

→ 문제 172쪽

1

1 Perla fue al cine. El cine ya había cerrado.

페를라는 영화관에 갔다. 영화관은 이미 닫혀 있었다.

2 El teléfono sonó. Ellos ya habían salido.

전화기가 울렸다. 그들은 이미 나갔었다.

2

1 El vestido, que está en la cama, es de mi madre.

침대 위에 있는 원피스는 우리 어머니의 것이다.

2 Elena es la estudiante que tiene un coche.

엘레나는 자동차를 갖고 있는 학생이다.

3

1 que   2 quien

3 quienes

Día 10

→ 문제 173쪽

1

1 El cine estará cerrado.

영화관은 닫혀 있을 거야.

2 Habrá mucha gente en la boda.

결혼식에는 많은 사람들이 있을 거야.

2

1 Ustedes harán el check-in.

당신들은 체크인을 할 것이다.

2 Daréis un regalo a vuestra sobrina.

너희들은 조카에게 선물을 줄 것이다.

3

1 Ella ya habrá vendido sus muebles mañana.

그녀는 내일이면 이미 자신의 가구들을 팔았을 것이다.

2 Todo el mundo ya habrá sabido la verdad el lunes.

월요일이면 모두들 이미 그 사실을 알고 있을 것이다.

Día 11

→ 문제 174쪽

1

1 Los estudiantes lo leen.

학생들은 그것을 읽는다.

2 El camarero me lo recomendó.

웨이터가 나에게 이것을 추천해 주었다.

2

1 Sí, se lo escribo.   응, 나는 그에게 그것을 보내.

2 Sí, Ana nos los trae.

응, 아나가 우리에게 그것을 가져다줘.

3

1 Te estoy enseñándolo.
   또는 Estoy enseñándotelo.
   또는 Te lo estoy enseñando.

2 Nosotros queremos quedarnos en este hotel.
   또는 Nosotros nos queremos quedar en este hotel.

3 Ustedes los esperan.

Día 12

→ 문제 175쪽

1

1 se aman   2 se llaman

3 nos saludamos   4 nos ayudamos

2

1 No, no me duché hoy.
아니, 나는 오늘 샤워를 안 했어.

2 No, los estudiantes no se saludaron.
아니, 학생들은 서로 인사를 안 했어.

3 No, no nos lavamos las manos después de llegar a casa.
아니, 우리들은 집에 도착한 후에 손을 안 씻었어.

3

1 vende   2 abren

3 pintan

🌵 Día 13
→ 문제 176쪽

1

1 que   2 lo que

3 que   4 Lo que

2

1 se habla   2 Se dice

3 Se come

3

1 te   2 se

4

1 Quiero comprárselo.
나는 그에게 그것을 사 주고 싶어.

2 Quiero comprároslo.
나는 너희들에게 그것을 사 주고 싶어.

🌵 Día 14
→ 문제 177쪽

1

1 para   2 por

3 para   4 por

5 Por

2

1 Es interesante hacer nuevos amigos.

2 Ayudar otras personas nos hace más felices.

3 No es necesario hablar mucho.

3

1 éxito   2 asistir

3 larga   4 biblioteca

🌵 Día 15
→ 문제 178쪽

1

1 Podría   2 gustaría

3 hablaría   4 llegaría

2

1 carnicería   2 panadería

3 florería   4 lavandería

3

1 Veo sonreír a Francisco.

2 Oímos cantar a Roberto.

3 Ustedes veían corriendo a Juan y José.

4 Ellos veían pasar muchas bicicletas.

핵심 문법
요점 노트

★ 일

1일 primero (1°)	2일 dos	3일 tres	4일 cuatro	5일 cinco
6일 seis	7일 siete	8일 ocho	9일 nueve	10일 diez
11일 once	12일 doce	13일 trece	14일 catorce	15일 quince
16일 dieciséis	17일 diecisiete	18일 dieciocho	19일 diecinueve	20일 veinte
21일 veintiuno	22일 veintidós	23일 veintitrés	24일 veinticuatro	25일 veinticinco
26일 veintiséis	27일 veintisiete	28일 veintiocho	29일 veintinueve	30일 treinta
31일 treinta y uno				

★'1일'만 예외로 서수인 primero(첫 번째)를 사용하며 어깨글자 °를 기입합니다.

★ 월

1월 enero	2월 febrero	3월 marzo	4월 abril	5월 mayo	6월 junio
7월 julio	8월 agosto	9월 septiembre	10월 octubre	11월 noviembre	12월 diciembre

★월 표현은 대문자가 아닌 소문자로 표기함에 유의하세요.

★ 요일

월요일 lunes	화요일 martes	수요일 miércoles	목요일 jueves
금요일 viernes	토요일 sábado	일요일 domingo	

★요일도 마찬가지로 대문자가 아닌 소문자로 표기함에 유의하세요.

★ 때를 나타내는 표현

anteayer 그저께	la semana pasada 지난주	anoche 어젯밤에
ayer 어제	esta semana 이번 주	el lunes pasado 지난 월요일에
hoy 오늘	la semana que viene 다음 주	hace un mes 한 주 전에
ahora 지금, 현재	el mes pasado 지난달	en 2022 2022년에
mañana 내일	este mes 이번 달	antes 예전에, 앞에
pasado mañana 모레	el mes que viene 다음 달	hace mucho 오래 전에

단순과거 시제

★ 용법

1. 과거에 한 번 혹은 몇 번 일어난 행위나 사건

예 **Yo compré dos libros ayer.** 나는 어제 책 두 권을 샀다.

2. 지속 기간이 있더라도 일정 기간 안에 끝난 행위

예 **Luis descansó cinco horas.** 루이스는 다섯 시간 동안 휴식을 취했다.

3. 시작이나 끝나는 시점이 명확히 언급된 과거의 행위나 사건

예 **Ellos volvieron a casa a las tres de la tarde.** 그들은 오후 3시에 집에 돌아왔다.

4. 순차적으로 일어난 과거의 사건

예 **Carlos se levantó a las 8 de la mañana, preparó el desayuno, y tomó un café.**
카를로스는 아침 8시에 일어나서 아침을 준비하고 커피를 마셨다.

★ 동사 변화

규칙동사

예 **hablar** 말하다

yo 나	hablé	nosotro(a)s 우리들	hablamos
tú 너	hablaste	vosotro(a)s 너희들	hablasteis
él/ella/usted 그/그녀/당신	habló	ellos/ellas/ustedes 그들/그녀들/당신들	hablaron

예 **comer** 먹다

yo 나	comí	nosotro(a)s 우리들	comimos
tú 너	comiste	vosotro(a)s 너희들	comisteis
él/ella/usted 그/그녀/당신	comió	ellos/ellas/ustedes 그들/그녀들/당신들	comieron

예 **vivir** 살다

yo 나	viví	nosotro(a)s 우리들	vivimos
tú 너	viviste	vosotro(a)s 너희들	vivisteis
él/ella/usted 그/그녀/당신	vivió	ellos/ellas/ustedes 그들/그녀들/당신들	vivieron

재귀동사

예 **levantarse** 일어나다

yo 나	me levanté	nosotro(a)s 우리들	nos levantamos
tú 너	te levantaste	vosotro(a)s 너희들	os levantasteis
él/ella/usted 그/그녀/당신	se levantó	ellos/ellas/ustedes 그들/그녀들/당신들	se levantaron

불규칙동사

예 ser ~이다

yo 나	fui	nosotro(a)s 우리들	fuimos
tú 너	fuiste	vosotro(a)s 너희들	fuisteis
él/ella/usted 그/그녀/당신	fue	ellos/ellas/ustedes 그들/그녀들/당신들	fueron

예 ir 가다

yo 나	fui	nosotro(a)s 우리들	fuimos
tú 너	fuiste	vosotro(a)s 너희들	fuisteis
él/ella/usted 그/그녀/당신	fue	ellos/ellas/ustedes 그들/그녀들/당신들	fueron

예 dar 주다, (행위나 동작을) 하다, (회의 등을) 열다, 개최하다

yo 나	di	nosotro(a)s 우리들	dimos
tú 너	diste	vosotro(a)s 너희들	disteis
él/ella/usted 그/그녀/당신	dio	ellos/ellas/ustedes 그들/그녀들/당신들	dieron

예 ver 보다

yo 나	vi	nosotro(a)s 우리들	vimos
tú 너	viste	vosotro(a)s 너희들	visteis
él/ella/usted 그/그녀/당신	vio	ellos/ellas/ustedes 그들/그녀들/당신들	vieron

어간 모음 변화 동사(3인칭 단수 및 복수형)

예 servir 섬기다, 봉사하다

yo 나	serví	nosotro(a)s 우리들	servimos
tú 너	serviste	vosotro(a)s 너희들	servisteis
él/ella/usted 그/그녀/당신	sirvió	ellos/ellas/ustedes 그들/그녀들/당신들	sirvieron

예 dormir 자다

yo 나	dormí	nosotro(a)s 우리들	dormimos
tú 너	dormiste	vosotro(a)s 너희들	dormisteis
él/ella/usted 그/그녀/당신	durmió	ellos/ellas/ustedes 그들/그녀들/당신들	durmieron

예 morir 죽다

yo 나	morí	nosotro(a)s 우리들	morimos
tú 너	moriste	vosotro(a)s 너희들	moristeis
él/ella/usted 그/그녀/당신	murió	ellos/ellas/ustedes 그들/그녀들/당신들	murieron

어간 불규칙동사

예 tener 가지다

yo 나	tuve	nosotro(a)s 우리들	tuvimos
tú 너	tuviste	vosotro(a)s 너희들	tuvisteis
él/ella/usted 그/그녀/당신	tuvo	ellos/ellas/ustedes 그들/그녀들/당신들	tuvieron

예 venir 오다

yo 나	vine	nosotro(a)s 우리들	vinimos
tú 너	viniste	vosotro(a)s 너희들	vinisteis
él/ella/usted 그/그녀/당신	vino	ellos/ellas/ustedes 그들/그녀들/당신들	vinieron

예 decir 말하다

yo 나	dije	nosotro(a)s 우리들	dijimos
tú 너	dijiste	vosotro(a)s 너희들	dijisteis
él/ella/usted 그/그녀/당신	dijo	ellos/ellas/ustedes 그들/그녀들/당신들	dijeron

발음 용이성을 위한 어간 y 첨가 동사

예 leer 읽다

yo 나	leí	nosotro(a)s 우리들	leímos
tú 너	leíste	vosotro(a)s 너희들	leísteis
él/ella/usted 그/그녀/당신	leyó	ellos/ellas/ustedes 그들/그녀들/당신들	leyeron

발음 유지를 위한 철자 변화 동사(1인칭 단수형)

예 buscar 찾다

yo 나	busqué	nosotro(a)s 우리들	buscamos
tú 너	buscaste	vosotro(a)s 너희들	buscasteis
él/ella/usted 그/그녀/당신	buscó	ellos/ellas/ustedes 그들/그녀들/당신들	buscaron

예 pagar 지불하다

yo 나	pagué	nosotro(a)s 우리들	pagamos
tú 너	pagaste	vosotro(a)s 너희들	pagasteis
él/ella/usted 그/그녀/당신	pagó	ellos/ellas/ustedes 그들/그녀들/당신들	pagaron

예 empezar 시작하다

yo 나	empecé	nosotro(a)s 우리들	empezamos
tú 너	empezaste	vosotro(a)s 너희들	empezasteis
él/ella/usted 그/그녀/당신	empezó	ellos/ellas/ustedes 그들/그녀들/당신들	empezaron

★ 용법

1. 상황 설명 및 배경 묘사
El hotel estaba en el centro de la ciudad. 그 호텔은 도시 중심부에 있었다.

2. 지정되지 않은 시간에 진행된 행위(과거에 진행 중인 행위로 시작이나 끝이 언급되지 않음)
Yo comía tacos mientras él trabajaba. 그가 일하는 동안 나는 타코를 먹었다.

3. 습관적이거나 반복적인 행위
Cada viernes, yo paseaba por el parque. 매주 금요일 나는 공원을 산책하곤 했다.

4. 신체 및 정신 상태 표현
Ella tenía frío. 그녀는 추웠다.

5. 시간 표현
Eran las 9 de la mañana. 아침 9시였다.

6. 나이 및 성장 시기에 관한 표현
Elena tenía veinte años. 엘레나는 스무 살이었다.

★ 동사 변화

규칙동사

hablar 말하다

yo 나	hablaba	nosotro(a)s 우리들	hablábamos
tú 너	hablabas	vosotro(a)s 너희들	hablabais
él/ella/usted 그/그녀/당신	hablaba	ellos/ellas/ustedes 그들/그녀들/당신들	hablaban

comer 먹다

yo 나	comía	nosotro(a)s 우리들	comíamos
tú 너	comías	vosotro(a)s 너희들	comíais
él/ella/usted 그/그녀/당신	comía	ellos/ellas/ustedes 그들/그녀들/당신들	comían

vivir 살다

yo 나	vivía	nosotro(a)s 우리들	vivíamos
tú 너	vivías	vosotro(a)s 너희들	vivíais
él/ella/usted 그/그녀/당신	vivía	ellos/ellas/ustedes 그들/그녀들/당신들	vivían

재귀동사

예 levantarse 일어나다

yo 나	me **levant**aba	**nosotro(a)s** 우리들	nos **levant**ábamos
tú 너	te **levant**abas	**vosotro(a)s** 너희들	os **levant**abais
él/ella/usted 그/그녀/당신	se **levant**aba	**ellos/ellas/ustedes** 그들/그녀들/당신들	se **levant**aban

불규칙동사

예 ser ~이다

yo 나	era	**nosotro(a)s** 우리들	éramos
tú 너	eras	**vosotro(a)s** 너희들	erais
él/ella/usted 그/그녀/당신	era	**ellos/ellas/ustedes** 그들/그녀들/당신들	eran

예 ver 보다

yo 나	veía	**nosotro(a)s** 우리들	veíamos
tú 너	veías	**vosotro(a)s** 너희들	veíais
él/ella/usted 그/그녀/당신	veía	**ellos/ellas/ustedes** 그들/그녀들/당신들	veían

예 ir 가다

yo 나	iba	**nosotro(a)s** 우리들	íbamos
tú 너	ibas	**vosotro(a)s** 너희들	ibais
él/ella/usted 그/그녀/당신	iba	**ellos/ellas/ustedes** 그들/그녀들/당신들	iban

gustar 동사

예 gustar ~을 좋아하다

a mí 나	me gustaba	**a nosotro(a)s** 우리들	nos gustaba
a ti 너	te gustaba	**a vosotro(a)s** 너희들	os gustaba
a él/a ella/a usted 그/그녀/당신	le gustaba	**a ellos/a ellas/a ustedes** 그들/그녀들/당신들	les gustaba

★ 구문

1. **ir의 불완료과거형 + a + 장소:** ~으로 가곤 했다

예 Juan iba a la panadería **todos los sábados.** 후안은 매주 토요일마다 빵 가게에 가곤 했다.

2. **ir의 불완료과거형 + a + 동사원형:** ~하려고 했었다

예 Iba a llamarte **por teléfono.** 나는 너에게 전화하려고 했었다.

3. **soler의 불완료과거형 + 동사원형:** 자주 ~하곤 했었다, ~한 습관을 가지고 있었다

예 Ellos solían tomar **un café después de comer.** 그들은 식사 후에 자주 커피를 마시곤 했다.

과거완료 시제

★ 용법

과거에 발생한 다른 사건이나 특정한 과거 시점보다 이전에 있었던 일이나 행위를 나타낼 때 표현

예) **Carlos ya** había comido **cuando llegamos.** 우리가 도착했을 때 카를로스는 이미 식사를 했다.

★ 동사 변화

haber의 불완료과거형 + 과거분사

예) **hablar** 말하다

yo 나	había hablado	nosotro(a)s 우리들	habíamos hablado
tú 너	habías hablado	vosotro(a)s 너희들	habíais hablado
él/ella/usted 그/그녀/당신	había hablado	ellos/ellas/ustedes 그들/그녀들/당신들	habían hablado

예) **comer** 먹다

yo 나	había comido	nosotro(a)s 우리들	habíamos comido
tú 너	habías comido	vosotro(a)s 너희들	habíais comido
él/ella/usted 그/그녀/당신	había comido	ellos/ellas/ustedes 그들/그녀들/당신들	habían comido

예) **vivir** 살다

yo 나	había vivido	nosotro(a)s 우리들	habíamos vivido
tú 너	habías vivido	vosotro(a)s 너희들	habíais vivido
él/ella/usted 그/그녀/당신	había vivido	ellos/ellas/ustedes 그들/그녀들/당신들	habían vivido

★ 과거분사 복습

규칙동사

hablar 말하다	hablado
comer 먹다	comido
vivir 살다	vivido

불규칙동사

escribir 쓰다	escrito	romper 부수다, 깨다	roto
abrir 열다	abierto	ver 보다	visto
cubrir 덮다, 씌우다	cubierto	poner 놓다, 두다	puesto
morir 죽다, 사망하다	muerto	hacer 하다, 만들다	hecho
volver 돌아가다	vuelto	decir 말하다	dicho

 **단순미래 시제**

★ 용법

1. 미래에 일어날 일 표현

🗨 **Yo** hablaré **con Ana.** 나는 아나와 대화를 할 것이다.

2. 현재의 추측이나 상상, 혹은 가능성 표현

🗨 Serán **las cuatro.** 네 시일 거야.

3. 명령 표현

🗨 Comerás **ahora.** 지금 먹어라.

★ 동사 변화

규칙동사

🗨 **hablar** 말하다

yo 나	hablaré	nosotro(a)s 우리들	hablaremos
tú 너	hablarás	vosotro(a)s 너희들	hablaréis
él/ella/usted 그/그녀/당신	hablará	ellos/ellas/ustedes 그들/그녀들/당신들	hablarán

🗨 **comer** 먹다

yo 나	comeré	nosotro(a)s 우리들	comeremos
tú 너	comerás	vosotro(a)s 너희들	comeréis
él/ella/usted 그/그녀/당신	comerá	ellos/ellas/ustedes 그들/그녀들/당신들	comerán

🗨 **vivir** 살다

yo 나	viviré	nosotro(a)s 우리들	viviremos
tú 너	vivirás	vosotro(a)s 너희들	viviréis
él/ella/usted 그/그녀/당신	vivirá	ellos/ellas/ustedes 그들/그녀들/당신들	vivirán

불규칙동사

🗨 **tener** 가지다, 소유하다

yo 나	tendré	nosotro(a)s 우리들	tendremos
tú 너	tendrás	vosotro(a)s 너희들	tendréis
él/ella/usted 그/그녀/당신	tendrá	ellos/ellas/ustedes 그들/그녀들/당신들	tendrán

🗨 **venir** 오다

yo 나	vendré	nosotro(a)s 우리들	vendremos
tú 너	vendrás	vosotro(a)s 너희들	vendréis
él/ella/usted 그/그녀/당신	vendrá	ellos/ellas/ustedes 그들/그녀들/당신들	vendrán

★ 구문

Si + 주어 + 동사(직설법 현재), 주어 + 동사(단순미래): ∼하면, ∼할 것이다

- Si llueve, estaremos **en casa.** 비가 오면, 우리는 집에 있을 것이다.

★ 용법

1. 미래의 특정 시점을 기준으로 그때까지 어떤 상태나 행위가 종료되어 있을 것임을 표현

- Ellos ya habrán revisado **el proyecto mañana por la tarde.**
  그들은 내일 오후에는 프로젝트에 대한 검토를 이미 다 마쳤을 것이다.

2. 어떤 상황이 완료된 상태, 즉 이미 끝난 상황이나 경험에 대한 현재의 상상이나 추측을 표현

- Juan habrá llegado **a Madrid.** 후안은 마드리드에 도착했을 것이다.

★ 동사 변화

haber의 단순미래형 + 과거분사

- **hablar** 말하다

yo 나	habré **hablado**	**nosotro(a)s** 우리들	habremos **hablado**
tú 너	habrás **hablado**	**vosotro(a)s** 너희들	habréis **hablado**
él/ella/usted 그/그녀/당신	habrá **hablado**	**ellos/ellas/ustedes** 그들/그녀들/당신들	habrán **hablado**

- **comer** 먹다

yo 나	habré **comido**	**nosotro(a)s** 우리들	habremos **comido**
tú 너	habrás **comido**	**vosotro(a)s** 너희들	habréis **comido**
él/ella/usted 그/그녀/당신	habrá **comido**	**ellos/ellas/ustedes** 그들/그녀들/당신들	habrán **comido**

- **vivir** 살다

yo 나	habré **vivido**	**nosotro(a)s** 우리들	habremos **vivido**
tú 너	habrás **vivido**	**vosotro(a)s** 너희들	habréis **vivido**
él/ella/usted 그/그녀/당신	habrá **vivido**	**ellos/ellas/ustedes** 그들/그녀들/당신들	habrán **vivido**

★ 용법

1. 과거 시점에서 바라본 미래

⬤ Manuel me dijo que vendría. 마누엘은 나에게 오겠다고 말했다.

2. 과거에 일어난 일에 대한 추측

⬤ José estaría en la cafetería anteayer. 호세는 그저께 카페에 있었을 것이다.

3. 현재 시제에서 공손한 표현, 정중한 표현으로의 가능법

⬤ ¿Podría hablar con Miguel? 미겔과 대화할 수 있을까요?

4. 현재나 미래에 대한 가정적인 바람, 간절한 소망

⬤ Me encantaría poder emigrar a Corea. 한국으로 이민 갈 수 있으면 정말 좋을 텐데.

5. 충고 / 조언을 하고 싶을 때 / 가정적인 상황 + 가정적인 표현

⬤ Yo que tú, iría a la farmacia. 내가 너라면, 약국에 갈 텐데.

★ 동사 변화

규칙동사

⬤ **hablar** 말하다

yo 나	hablaría	nosotro(a)s 우리들	hablaríamos
tú 너	hablarías	vosotro(a)s 너희들	hablaríais
él/ella/usted 그/그녀/당신	hablaría	ellos/ellas/ustedes 그들/그녀들/당신들	hablarían

⬤ **comer** 먹다

yo 나	comería	nosotro(a)s 우리들	comeríamos
tú 너	comerías	vosotro(a)s 너희들	comeríais
él/ella/usted 그/그녀/당신	comería	ellos/ellas/ustedes 그들/그녀들/당신들	comerían

⬤ **vivir** 살다

yo 나	viviría	nosotro(a)s 우리들	viviríamos
tú 너	vivirías	vosotro(a)s 너희들	viviríais
él/ella/usted 그/그녀/당신	viviría	ellos/ellas/ustedes 그들/그녀들/당신들	vivirían

불규칙동사

예 **poder** ~할 수 있다

yo 나	podría	nosotro(a)s 우리들	podríamos
tú 너	podrías	vosotro(a)s 너희들	podríais
él/ella/usted 그/그녀/당신	podría	ellos/ellas/ustedes 그들/그녀들/당신들	podrían

예 **salir** 나가다

yo 나	saldría	nosotro(a)s 우리들	saldríamos
tú 너	saldrías	vosotro(a)s 너희들	saldríais
él/ella/usted 그/그녀/당신	saldría	ellos/ellas/ustedes 그들/그녀들/당신들	saldrían

★ 재귀의 se

영어의 oneself에 해당하는 재귀대명사이며 재귀동사의 복수형은 '서로간에 ~하다'라는 의미입니다.

예 **Francisco se levanta a las 6 de la mañana.** 프란시스코는 아침 여섯 시에 일어난다.

재귀대명사

me	나 자신	nos	우리들 자신
te	너 자신	os	너희들 자신
se	그 자신/그녀 자신/당신 자신	se	그들 자신/그녀들 자신/당신들 자신

직접목적격 대명사 비교

me	나를	nos	우리들을
te	너를	os	너희들을
lo	그를/그것을/당신을	los	그들을/그것들을/당신들 을
la	그녀를/그것을/당신을	las	그녀들을/그것들을/당신들을

간접목적격 대명사 비교

me	나에게	nos	우리들에게
te	너에게	os	너희들에게
le	그에게/그녀에게/당신에게	les	그들에게/그녀들에게/당신들에게

재귀동사

타동사에 재귀대명사 se를 붙이면 '~을 시키다'에서 '~을 한다'의 의미가 됩니다.

acostar 눕히다 → acostarse 눕다
bañar 목욕시키다 → bañarse 목욕하다
despertar 깨우다 → despertarse 깨다
enamorar 사랑하게 하다 → enamorarse 사랑하다
retirar ~을 치우다 → retirarse 은퇴하다
reunir 모으다 → reunirse 모이다

alegrar 기쁘게 하다 → alegrarse 기뻐하다
casar 결혼시키다 → casarse 결혼하다
divertir 즐겁게 하다 → divertirse 즐기다
levantar 일으키다 → levantarse 일어나다
peinar 머리를 빗어 주다 → peinarse 머리를 빗다
sentar 앉히다 → sentarse 앉다

★ 상호의 se

두 명 이상의 주어가 동일한 행동을 '서로'에게 할 경우 se를 넣어 줍니다. 재귀동사와 형태가 같으나 상호의 se는 항상 1, 2, 3인칭 동사 복수형에서만 사용 가능합니다.

예 **Los amigos** se saludan. 친구들은 서로 인사한다.

★ 수동의 se

수동의 se는 일반적으로 주어가 사물일 때 사용되며, 행위자가 중요하지 않은 경우에 많이 쓰입니다.

예 Se rompió **el vaso.** 잔이 깨졌다.

★ 무인칭의 se

무인칭의 se는 문장상에 구체적인 주어가 존재하지 않고, 불특정한 일반 대중을 지칭하여 '사람들은 ~한다'라는 의미를 나타낼 때 사용됩니다. 이때 동사는 항상 3인칭 단수를 써 주어야 합니다.

예 Se habla **español en Argentina.** 아르헨티나에서는 스페인어를 말한다.

★ 강조의 se

동사를 특별히 강조하고자 할 때 se를 덧붙여 줍니다.

예 **Ricardo** se fue **a casa.** 리카르도는 집으로 가 버렸다.

★ 무의지의 se

본인의 의지와 무관하게 일어난 예상치 못하거나 의도하지 않은 일에 대해서 마치 자신이 그 일을 당한 것처럼 표현할 때 se를 써 줍니다.

예 Se me cayó **la botella.** 나는 병을 떨어뜨렸다. (실수로)

★ 간접목적격 대명사 le / les를 대체하는 대명사 se

3인칭 간접목적격 대명사(le, les)와 3인칭 직접목적격 대명사(lo, la, los, las)가 연이어 함께 쓰이는 경우, l 발음이 반복되는 것을 피하기 위해서 간접목적격 대명사 le나 les가 se로 바뀝니다.

예 Se lo **voy a decir.** 나는 그것을 그에게 말할 것이다.
　　Se lo **envió.** 나는 그것을 그들에게 보냈다.

 주요 동사 변화표

★ -ar로 끝나는 동사

동사원형	인칭 · 단/복수	단순과거형	불완료과거형	과거분사
hablar 말하다	yo tú él/ella/usted nosotro(a)s vosotro(a)s ellos/ellas/ustedes	hablé hablaste habló hablamos hablasteis hablaron	hablaba hablabas hablaba hablábamos hablabais hablaban	hablado
buscar 찾다	yo tú él/ella/usted nosotro(a)s vosotro(a)s ellos/ellas/ustedes	busqué buscaste buscó buscamos buscasteis buscaron	buscaba buscabas buscaba buscábamos buscabais buscaban	buscado
dar 주다, 하다, 개최하다	yo tú él/ella/usted nosotro(a)s vosotro(a)s ellos/ellas/ustedes	di diste dio dimos disteis dieron	daba dabas daba dábamos dabais daban	dado
preparar 준비하다	yo tú él/ella/usted nosotro(a)s vosotro(a)s ellos/ellas/ustedes	preparé preparaste preparó preparamos preparasteis prepararon	preparaba preparabas preparaba preparábamos preparabais preparaban	preparado

과거완료형	단순미래형	미래완료형	가능법
había hablado habías hablado había hablado habíamos hablado habíais hablado habían hablado	hablaré hablarás hablará hablaremos hablaréis hablarán	habré hablado habrás hablado habrá hablado habremos hablado habréis hablado habrán hablado	hablaría hablarías hablaría hablaríamos hablaríais hablarían
había buscado habías buscado había buscado habíamos buscado habíais buscado habían buscado	buscaré buscarás buscará buscaremos buscaréis buscarán	habré buscado habrás buscado habrá buscado habremos buscado habréis buscado habrán buscado	buscaría buscarías buscaría buscaríamos buscaríais buscarían
había dado habías dado había dado habíamos dado habíais dado habían dado	daré darás dará daremos daréis darán	habré dado habrás dado habrá dado habremos dado habréis dado habrán dado	daría darías daría daríamos daríais darían
había preparado habías preparado había preparado habíamos preparado habíais preparado habían preparado	prepararé prepararás preparará prepararemos prepararéis prepararán	habré preparado habrás preparado habrá preparado habremos preparado habréis preparado habrán preparado	prepararía prepararías prepararía prepararíamos prepararíais prepararían

★ -er로 끝나는 동사

동사원형	인칭 · 단/복수	단순과거형	불완료과거형	과거분사
comer 말하다	yo tú él/ella/usted nosotro(a)s vosotro(a)s ellos/ellas/ustedes	comí comiste comió comimos comisteis comieron	comía comías comía comíamos comíais comían	comido
beber 마시다	yo tú él/ella/usted nosotro(a)s vosotro(a)s ellos/ellas/ustedes	bebí bebiste bebió bebimos bebisteis bebieron	bebía bebías bebía bebíamos bebíais bebían	bebido
tener 가지다, 소유하다	yo tú él/ella/usted nosotro(a)s vosotro(a)s ellos/ellas/ustedes	tuve tuviste tuvo tuvimos tuvisteis tuvieron	tenía tenías tenía teníamos teníais tenían	tenido
querer 원하다, 바라다, 사랑하다	yo tú él/ella/usted nosotro(a)s vosotro(a)s ellos/ellas/ustedes	quise quisiste quiso quisimos quisisteis quisieron	quería querías quería queríamos queríais querían	querido
ver 보다	yo tú él/ella/usted nosotro(a)s vosotro(a)s ellos/ellas/ustedes	vi viste vio vimos visteis vieron	veía veías veía veíamos veíais veían	visto

과거완료형	단순미래형	미래완료형	가능법
había comido	comeré	habré comido	comería
habías comido	comerás	habrás comido	comerías
había comido	comerá	habrá comido	comería
habíamos comido	comeremos	habremos comido	comeríamos
habíais comido	comeréis	habréis comido	comeríais
habían comido	comerán	habrán comido	comerían
había bebido	beberé	habré bebido	bebería
habías bebido	beberás	habrás bebido	beberías
había bebido	beberá	habrá bebido	bebería
habíamos bebido	beberemos	habremos bebido	beberíamos
habíais bebido	beberéis	habréis bebido	beberíais
habían bebido	beberán	habrán bebido	beberían
había tenido	tendré	habré tenido	tendría
habías tenido	tendrás	habrás tenido	tendrías
había tenido	tendrá	habrá tenido	tendría
habíamos tenido	tendremos	habremos tenido	tendríamos
habíais tenido	tendréis	habréis tenido	tendríais
habían tenido	tendrán	habrán tenido	tendrían
había querido	querré	habré querido	querría
habías querido	querrás	habrás querido	querrías
había querido	querrá	habrá querido	querría
habíamos querido	querremos	habremos querido	querríamos
habíais querido	querréis	habréis querido	querríais
habían querido	querrán	habrán querido	querrían
había visto	veré	habré visto	vería
habías visto	verás	habrás visto	verías
había visto	verá	habrá visto	vería
habíamos visto	veremos	habremos qvisto	veríamos
habíais visto	veréis	habréis visto	veríais
habían visto	verán	habrán visto	verían

★ -ir로 끝나는 동사

동사원형	인칭 · 단/복수	단순과거형	불완료과거형	과거분사
vivir 살다	yo tú él/ella/usted nosotro(a)s vosotro(a)s ellos/ellas/ustedes	viví viviste vivió vivimos vivisteis vivieron	vivía vivías vivía vivíamos vivíais vivían	vivido
decir 말하다	yo tú él/ella/usted nosotro(a)s vosotro(a)s ellos/ellas/ustedes	dije dijiste dijo dijimos dijisteis dijeron	decía decías decía decíamos decíais decían	dicho
morir 죽다, 사망하다	yo tú él/ella/usted nosotro(a)s vosotro(a)s ellos/ellas/ustedes	morí moriste murió morimos moristeis murieron	moría morías moría moríamos moríais morían	muerto
ir 가다	yo tú él/ella/usted nosotro(a)s vosotro(a)s ellos/ellas/ustedes	fui fuiste fue fuimos fuisteis fueron	iba ibas iba íbamos ibais iban	ido
venir 오다	yo tú él/ella/usted nosotro(a)s vosotro(a)s ellos/ellas/ustedes	vine viniste vino vinimos vinisteis vinieron	venía venías venía veníamos veníais venían	venido

과거완료형	단순미래형	미래완료형	가능법
había vivido	viviré	habré vivido	viviría
habías vivido	vivirás	habrás vivido	vivirías
había vivido	vivirá	habrá vivido	viviría
habíamos vivido	viviremos	habremos vivido	viviríamos
habíais vivido	viviréis	habréis vivido	viviríais
habían vivido	vivirán	habrán vivido	vivirían
había dicho	diré	habré dicho	diría
habías dicho	dirás	habrás dicho	dirías
había dicho	dirá	habrá dicho	diría
habíamos dicho	diremos	habremos dicho	diríamos
habíais dicho	diréis	habréis dicho	diríais
habían dicho	dirán	habrán dicho	dirían
había muerto	moriré	habré muerto	moriría
habías muerto	morirás	habrás muerto	morirías
había muerto	morirá	habrá muerto	moriría
habíamos muerto	moriremos	habremos muerto	moriríamos
habíais muerto	moriréis	habréis muerto	moriríais
habían muerto	morirán	habrán muerto	morirían
había ido	iré	habré ido	iría
habías ido	irás	habrás ido	irías
había ido	irá	habrá ido	iría
habíamos ido	iremos	habremos ido	iríamos
habíais ido	iréis	habréis ido	iríais
habían ido	irán	habrán ido	irían
había venido	vendré	habré venido	vendría
habías venido	vendrás	habrás venido	vendrías
había venido	vendrá	habrá venido	vendría
habíamos venido	vendremos	habremos venido	vendríamos
habíais venido	vendréis	habréis venido	vendríais
habían venido	vendrán	habrán venido	vendrían

★ 인칭 · 단/복수에 따라 시제별로 동사 변화를 써 보세요.

동사원형	인칭 · 단/복수	단순과거형	불완료과거형	과거분사
hablar 말하다	yo tú él/ella/usted nosotro(a)s vosotro(a)s ellos/ellas/ustedes			
dar 주다, 하다, 개최하다	yo tú él/ella/usted nosotro(a)s vosotro(a)s ellos/ellas/ustedes			
comer 말하다	yo tú él/ella/usted nosotro(a)s vosotro(a)s ellos/ellas/ustedes			
tener 가지다, 소유하다	yo tú él/ella/usted nosotro(a)s vosotro(a)s ellos/ellas/ustedes			
ver 보다	yo tú él/ella/usted nosotro(a)s vosotro(a)s ellos/ellas/ustedes			

과거완료형	단순미래형	미래완료형	가능법

동사원형	인칭 · 단/복수	단순과거형	불완료과거형	과거분사
vivir 살다	yo tú él/ella/usted nosotro(a)s vosotro(a)s ellos/ellas/ustedes			
decir 말하다	yo tú él/ella/usted nosotro(a)s vosotro(a)s ellos/ellas/ustedes			
morir 죽다, 사망하다	yo tú él/ella/usted nosotro(a)s vosotro(a)s ellos/ellas/ustedes			
ir 가다	yo tú él/ella/usted nosotro(a)s vosotro(a)s ellos/ellas/ustedes			
venir 오다	yo tú él/ella/usted nosotro(a)s vosotro(a)s ellos/ellas/ustedes			

과거완료형	단순미래형	미래완료형	가능법

이것만은
꼭 외우자!
도우미 단어장

Día 02

ayer 어제

hablar 말하다

por ~을 통해서, ~때문에

teléfono 전화

con ~와 함께

limpiar la habitación
방을 청소하다

preparar 준비하다

cena 저녁 식사

estudiar 공부하다

en voz alta 큰 목소리로

comer 먹다

en ~에서, ~안에

restaurante 레스토랑

nacer 태어나다

vender 팔다

coche 자동차 📵

quesadilla de pollo
치킨 케사디야

anoche 어젯밤, 어젯밤에

vivir 살다

abrir 열다

puerta 문

escribir 쓰다

recibir 받다

paquete 택배, 소포 📵

subir 오르다

cuándo 언제

casarse 결혼하다

levantarse 일어나다

lavarse la cara 세수하다

ojo 눈, 시선, 눈매

ducharse 샤워하다

revista 잡지

casa 집

salir 나가다

ganar 이기다, 얻다

partido de fútbol 축구 경기

descansar 쉬다, 휴식을 취하다

año 연, 1년간

novia 여자친구, 애인

edificio 건물

hora 시간

volver 돌아가다

diente 이, 치아 🔊

desayuno 아침 식사

tomar 마시다, 잡다

café con leche 밀크커피

luego 곧, 다음에, 나중에

pasar 통과시키다, 지나가다

el fin de semana 주말

película 영화

genial 멋진, 굉장한, 훌륭한

sobre ~에 대하여

accidente 사건, 사고

en voz baja 낮은 목소리로

pasta 파스타

bistec 비프 스테이크 🔊

papa 감자

familia 가족

después de ~이후에

nacimiento 출생, 탄생

hijo 아들

ventana 창문

cartera 지갑

Día 03

buscar 찾다

trabajo 일, 직업

todos los días 매일

a veces 가끔

merienda 간식

usar 사용하다

celular 휴대전화 🔄

cada semana 매주

comer fuera de casa 외식하다

conocer 알다

antes 예전에, 앞에

beber 마시다

agua 물

tener 가지다, 소유하다

frío 추운, 추위

querer 원하다, 바라다, 사랑하다

dónde 어디

montaña 산

temprano 일찍

siempre 언제나, 항상, 늘

lavarse las manos 손을 씻다

frecuentemente 자주

cada día 매일

mirarse en el espejo
거울을 보다

lejos de ~에서 멀리

ciudad 도시

trabajar 일하다

fábrica 공장

café 카페, 커피숍, 커피

pasear 산책하다

parque 공원

tarde 늦게, 오후

laboratorio 연구소

banco 은행

centro 중심부, 센터

jugar 놀다

sobrina (여자) 조카

hacer 하다, 만들다

viento 바람

calle 거리, 길 여

pelo rizado 곱슬머리

triste 슬픈 남 여

comida 음식, 식사

tocar el violín 바이올린을 켜다

cerca de ~에서 가까이

playa 해변

qué 무엇

tiempo libre 쉬는 시간

novela 소설

marisco 해산물

pescado 생선

mirar la televisión
텔레비전을 보다

fiesta 파티

recuerdo 추억, 기억, 기념품

gente 사람들(집합명사) 여

cama 침대

tienda 상점, 가게

centro comercial 쇼핑몰

al lado de ~옆에

entrar 들어가다

tocar el piano 피아노를 치다

limpiar la habitación
방을 청소하다

amarse 사랑을 받다,
　　　　　　(복수형에서) 서로 사랑하다

padres 부모님

de ~의

llegar 도착하다

noche 밤

encontrarse (우연히) 만나다

reloj 시계 👨

necesitar 필요하다

llamar 부르다, 전화하다

descansar 쉬다, 휴식을 취하다

mirar 보다, 바라보다

salir de ~에서 나가다

oficina 사무실

almuerzo 점심식사

sonar 울리다, 소리 나다

bailar 춤추다

cantar 노래하다

jugar al fútbol 축구를 하다

acostarse 눕다, 잠자리에 들다

centro comercial 쇼핑몰

zapatos deportivos 운동화

ir 가다

parque de atracciones
놀이공원

compartir 나누다, 공유하다

sándwich de atún
　　　　참치 샌드위치

anteayer 그저께

ayer 어제

hoy 오늘

mañana 내일, 아침, 오전

pasado mañana 모레

la semana pasada 지난주

esta semana 이번 주

la semana próxima
(= la semana que viene)
다음 주

el fin de semana 주말

devolver 환불하다, 돌려주다

camiseta 티셔츠

usar 사용하다

venga 오세요

película 영화

comida 음식, 식사

programa 프로그램 🔵

reunión 회의, 모임

fiesta 파티

empresa 회사, 기업

tomar una foto 사진을 찍다

hermano mayor 형, 오빠

piscina 수영장

madrugada 새벽

pasar la aspiradora
청소기를 돌리다

esposo 남편

Día 05

ser ~이다

simpático 친절한

examen 시험 🔵

actriz (여자) 배우

cordial 공손한, 예의 바른

ir 가다

comprar 사다

jabón 비누 🔵

cine 영화관

novio 남자친구, 애인

para ~을 위하여, ~하기 위해서

cuenta bancaria 은행 계좌

fantástico 환상적인

dar 주다, (행위나 동작을) 하다, (회의 등을) 열다, 개최하다

manzana 사과

primo 사촌

dar una fiesta 파티를 열다

ver 보다

por allí 저곳으로, 저쪽으로

mueble 가구 🔵

decidir 결심하다

ensalada de salmón 연어 샐러드

tomate 토마토

servir 섬기다, 봉사하다

dormir 자다

abuelo 할아버지

morir 죽다, 사망하다

repetir 반복하다

detalle 세부사항, 내역 🔵

algo 어떤 것, 무언가

nada 아무것도 ~ 아니다, 아무것도 ~ 없다

alguien 누군가

nadie 아무도 ~ 아니다, 아무도 ~ 없다

alguno 어떤 것, 누군가

ninguno 아무것도, 어떤 사람도

más 더, 한층, 더 많이

oficina 사무실

problema 문제 🔘

desayunar 아침 식사를 하다

pedir 주문하다, 요청하다

poner 놓다, 두다

perrito caliente 핫도그

difícil 어려운

fácil 쉬운

divertido 재미있는, 즐거운

clase 수업, 반, 교실

ficción 허구, 픽션

monarquía 군주제, 왕정

entrevista 인터뷰

complicado 복잡한,
　　　　　　 이해하기 어려운

hermana menor 여동생

llave 열쇠

telenovela 드라마, 연속극

cuándo 언제

venir 오다

ayer 어제

parque 공원

tener 가지다, 소유하다

hijo 아들

reunión 회의, 모임

poder ~할 수 있다, 힘, 능력

todo el día 하루 종일

superar 극복하다, 능가하다

obstáculo 장애물, 방해

aquí 여기, 이곳에

director 사장, 감독

hacer 하다, 만들다

por Internet 인터넷으로

hablar con ~와 대화하다

nada 없음, 아무것도

semana 주, 주간

decir 말하다

computadora 컴퓨터

traducir 번역하다

juntos 함께

estudiante 학생

leer 읽다

libro 책

buscar 찾다

información 정보

empezar 시작하다

presentar 발표하다, 소개하다

informe 보고서 🔵

desear 원하다, 바라다

bistec 비프 스테이크 🔵

bien hecho (스테이크 등을) 잘 익힌, (칭찬할 때) 잘했다

beber 마시다

agua con gas 탄산수

servilleta 냅킨

sal 소금

menos 더 적게, 덜, 더 적은

sin ~없이, ~없는

tarde 늦게, 오후

temprano 일찍

palacio real 왕궁

accidente 사건, 사고

incendio 화재

terremoto 지진

en ~에서, ~안에

tarea 과제, 숙제

viaje 여행

camisa 셔츠

escritorio 책상

tesis 논문

hacer la maleta
가방을 꾸리다, 짐을 싸다

camarero 웨이터

carne 고기

bebé 아기

Día 07

abuela 할머니

sociable 사교적인

pequeño 작은

y 그리고

dormitorio 방, 침실, 기숙사

protagonista 주인공 🔵 🔴

novela 소설

tacaño 인색한, 인색한 사람

ver 보다

televisión 텔레비전

siempre 언제나, 항상, 늘

paisaje 풍경

por ~을 통하여

ventana 창문

dulce 단 것, 달콤한 🔵 🔴

a veces 가끔

película de acción 액션 영화

teatro 극장, 연극

montaña 산

café 카페, 커피숍, 커피

después de ~이후에

terminar 끝내다, 끝나다

escuela 학교

llamar por teléfono 전화하다

centro comercial 쇼핑몰

proyecto 프로젝트

llegar 도착하다

abundantemente
풍부히, 푸짐하게, 많이

tomar 마시다, 잡다

farmacia 약국

de pequeño(a) 어릴 적에

jugar al tenis 테니스를 치다

gustar ~을 좋아하다

película 영화

maíz 옥수수 🔵

sandía 수박

lago 호수

charlar 이야기하다, 잡담하다

ciencia 과학

música 음악

jugo de naranja 오렌지 주스

tocar el violín 바이올린을 켜다

todavía 아직도, 아직까지도

hacer ejercicios 운동을 하다

sala de estar 거실

conmigo 나와 함께

perder cosas 물건을 잃어버리다

piscina 수영장

el verano pasado 지난여름에

abuelos 조부모님

listo 영리한, 민첩한

extrovertido 외향적인

Día 09

banco 은행

ya 이미

cerrar 닫다, 잠그다

cuando ~할 때

antes de ~전에, ~의 앞에

cenar 저녁 식사를 하다

tren 기차

llamar 부르다, 전화하다

semana pasada 지난주

madrugada 새벽

viento 바람

subir al coche 차에 타다

necesitar 필요하다

habitación 방

evento internacional 국제 행사

hombre 남성, 남자

tienda 상점, 가게

primo 사촌

ganar dinero 돈을 벌다

mucho 많은

buscar 찾다

poco 적은

revista 잡지

regalar 선물하다

recomendar 추천하다

respuesta 대답, 회신

llorar 울다

mamar 젖을 빨다, 얻다

aprobar el examen 시험에 통과하다, 합격하다

presentar 발표하다, 소개하다

estar levantado(a) 서 있다

estar sentado(a) 앉아 있다

nuevo estudiante 신입생

colegio 고등학교

en serio 진심으로, 진지하게

saludar 인사하다

empezar 시작하다

boda 결혼식

diligente 부지런한, 성실한

empresa 회사, 기업

lejos de ~에서 멀리

autobús escolar 스쿨버스

dormitorio 방, 침실, 기숙사

encontrarse (우연히) 만나다

saludablemente 건강하게

viajar por ~을 여행하다

hacer todo lo posible
최선을 다하다

robar 도둑질하다, 훔치다

ahora 지금, 현재

salir 나가다

cansado 피곤한

cuánto tiempo 얼마나, 언제까지

quedarse 머무르다

noche 밤

estudiar 공부하다

casa 집

llevarse el paraguas
우산을 가져가다

llover 비가 오다

fiesta 파티

tarea 과제, 숙제

verdad 사실, 진실 여

ayudar 도와주다, 거들다

cena 저녁 식사

equipo 팀, 단체

informe 보고서 남

revisar 검토하다, 복습하다

trabajo 일

marcharse 떠나다

mirar 보다, 바라보다

amar 사랑하다

secretario 비서

quién 누구

dónde 어디

escuela 학교

concierto 콘서트

perder 잃다, 분실하다

cuándo 언제

¿Qué tal si ~? ~하면 어때?

actuación 공연

delicioso 맛있는

regalo 선물

sorpresa 놀람, 생각지도 않은 선물

presentar 제출하다

Inteligencia Artificial
인공지능(AI)

pagar la renta 임대료를 지불하다

probar 시도하다, 맛보다

té 차, 찻잎, 티

la semana que viene 다음 주

asistir a ~에 출석하다

reunión 회의, 모임

también ~도, 역시, 또한

levantarse 일어나다	sándwich 샌드위치 🔵
temprano 일찍	creer 믿다, 생각하다
tomar fotos 사진을 찍다	correr 달리다, 뛰다
mesa 테이블	aprender 배우다
camarero 웨이터	idioma extranjero 외국어
practicar 연습하다	pensar 생각하다
tener 가지다, 소유하다	hacer ejercicios 운동을 하다
llave 열쇠 🔴	para ~을 위하여, ~하기 위해서
escribir 쓰다	salud 건강
carta 편지	hablar con ~와 대화하다
comer 먹다	aeropuerto 공항
cantar 노래하다	encontrarse (우연히) 만나다
enseñar 가르치다	aprobar el examen 시험에 통과하다, 합격하다
preparar 준비하다	graduarse 졸업하다
regalo 선물	tomar la medicina 약을 먹다
muñeca 인형, 손목	césped 잔디 🔵
comprar 사다	normalmente 보통, 일반적으로
celular 휴대전화	de vez en cuando 이따금씩
sobrina (여자) 조카	

rara vez 아주 가끔

qué 무엇

vender 팔다

contigo 너와 함께

en ~에서, ~안에

fumar 담배 피우다

entrar 들어가다

computadora 컴퓨터

devolver 반납하다, 돌려주다

conmigo 나와 함께

regalar 선물하다

tío 삼촌

Día 12

utilizar 사용하다

acostarse 눕다, 잠자리에 들다

espejo 거울

lavarse las manos 손을 씻다

cepillarse los dientes
이를 닦다

casarse con ~와 결혼하다

amar 사랑하다

profesor 교수

saludar 인사하다

abrazarse 포옹하다

animar 응원하다

por ~을 통해서, ~때문에

verse 서로 만나다

con alegría 기쁨으로, 즐겁게

romper 깨다

botella 병

solucionar 해결하다

problema 문제 😀

coche usado 중고차

parque 공원

arquitecto 건축가

diseñar 설계하다

construir 건설하다

vaso 잔

ahorita 곧, 지금 당장

vidrio 유리

lastimarse 다치다, 상처를 입다

recoger el equipaje
수하물을 찾다

segundo piso 2층

fuera de 다른 장소에서, 외부에서

edificio 건물

mercancía 물건, 상품

calle 거리, 길 😀

lugar público 공공장소

sala de conferencias 회의실

gratuitamente 무료로, 공짜로

olvidar 깜빡하다, 잊다

paraguas 우산

enviar un e-mail
이메일을 보내다

fumar 담배 피우다

siempre 언제나, 항상, 늘

importante 중요한

escuchar 듣다, 청취하다

felizmente 기쁘게, 행복하게

difícil 어려운

verdadero 진실한, 진정한

disfrutar 즐기다, 누리다

ir de viaje 여행을 가다

enfadar 화나게 하다

impresionar 크게 감동시키다, 강한 인상을 주다

nombre 이름 🔵

ganar dinero 돈을 벌다

español 스페인어

decir 말하다

poder ~할 수 있다, 힘, 능력

usar 사용하다

computadora 컴퓨터

película 영화

cómo 어떻게, 뭐라고

secador de pelo 헤어드라이어

pan 빵

caer 떨어지다, 떨어지게 두다

ventana 창문

perro 개

sopa 수프

taza 찻잔

enviar 보내다

creer 믿다, 생각하다

pensar 생각하다

cantar 노래하다

llegar tarde 늦게 도착하다

cine 영화관 🔵

hacer 하다, 만들다

vacaciones de verano 여름 방학, 여름 휴가

viajar por ~을 여행하다

en serio 진심으로, 진지하게

ayudar 도와주다, 거들다

novela 소설

economía 경제

ir bien (일이) 만족스럽게 진보하다,
형통하다

amor 사랑

ciego 시력을 잃은, 눈먼, 장님

hacer un amigo 친구를 사귀다

tiempo 시간, 때, 기간

curar 치료하다, 고치다

todo 모든 것, 전부

conjugación del verbo
동사 변화

iglesia 교회

bandeja 쟁반

parabrisas (자동차 등의) 앞 유리

hija 딸

chica 소녀

cantante 가수 🔵 🔴

estar cerca de ~에 가까이 있다

celular 휴대전화

compañero 동료

pasatiempo 취미, 시간 보내기

nadar 수영하다

escuela 학교

jugar al fútbol 축구를 하다

broma 농담

verdad 사실, 진실

mentira 거짓말

necesario 필요한

hacer ejercicios 운동을 하다

lengua extranjera 외국어

algo nuevo 새로운 것

interesante 흥미로운, 재미있는

cómodo 편안한, 쾌적한

regalo 선물

estudio 연구, 학업

atasco 교통 체증

ladrón 도둑 🔵

dato 자료

boleto 표, 티켓

toalla 수건

cambiar 바꾸다, 환전하다

conducir 운전하다

kilómetro 킬로미터

reunión 회의, 모임

problema 문제 🔵

fila 줄, 열

entrar 들어가다

museo 박물관

librería 서점

alcanzar 도달하다, 이르다

éxito 성공

visitar 방문하다, 만나러 가다

colina 언덕

hacer camping 캠핑하다

genial 멋진, 굉장한, 훌륭한

llegar a tiempo
제시간에 도착하다

parque de atracciones
놀이공원

practicar 연습하다

aprender idiomas
언어를 배우다

creer 믿다, 생각하다

enfermera (여자) 간호사

autor 작가, 저자

seguro 안전한, 확실한

inteligente 지적인, 총명한, 영리한

memorizar 외우다,
기억에 남게 하다

Día 15

 MP3 W1-13

teléfono 전화

año 연, 1년간

ir de viaje 여행을 가다

decir 말하다

comprar 사다

pastel de chocolate 초콜릿 케이크

panadería 빵 가게

adelgazar (체중을) 줄이다

pronto 곧, 빨리

escritorio 책상

cerrar 닫다, 잠그다

parada de taxis 택시 정거장

abuelos 조부모님

con frecuencia 종종, 자주

salir con ~와 사귀다, 데이트를 하다

emigrar 이민 가다, (다른 나라로) 이주하다

hablar con ~와 대화하다

descansar 쉬다, 휴식을 취하다

merienda 간식

llegar 도착하다

calle 길, 거리 @

correr 달리다, 뛰다

dormir 자다

mostrar 보이다, 보여 주다, 제시하다

pasaporte 여권 @

motivo 동기, 이유, 목적

un vaso de agua 물 한 잔

manta 담요

tomar una foto 사진을 찍다

pedir un favor 부탁하다

palacio real 왕궁

trabajar 일하다

marido 남편

toalla 수건

tráfico 교통, 교통량

contigo 너와 함께

26

현지에서 써 보자!

자주 쓰는 여행 표현

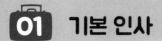

01 기본 인사

¡Hola!
[올라]
안녕하세요!

🔵 Encantado. / 🔴 Encantada.
[엔깐**따**도 / 엔깐**따**다]
만나서 반갑습니다.

Disculpe.
[디스**꿀**뻬]
저기요, 실례합니다.

Lo siento.
[로 씨**엔**또]
죄송합니다.

Gracias.
[그라씨아스]
감사합니다.

¡Chao!
[**차**오]
안녕히 가세요(계세요)!

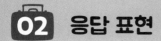

02 응답 표현

🎧 MP3 W2-02

Sí, por favor.
[씨, 뽀르 파보르]
네, 부탁합니다.

- -

No, está bien.
[노, 에스따 비엔]
아니요, 괜찮습니다.

- -

¿Cómo?
[꼬모?]
뭐라고요?

- -

No sé.
[노 쎄]
잘 모르겠습니다.

- -

No hablo español.
[노 아블로 에스빠뇰]
스페인어를 못합니다.

- -

Más despacio, por favor.
[마스 데스빠씨오, 뽀르 파보르]
천천히 말씀해 주세요.

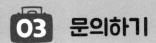
🎧 MP3 W2-03

¿Cuánto es?
[꾸안또 에스?]
얼마입니까?

¿Está ocupado?
[에스**따** 오꾸빠도?]
자리 있습니까?

¿Dónde está el baño?
[**돈**데 에스따 엘 **바뇨**?]
화장실은 어디에 있습니까?

¿Este autobús va al Museo?
[에스떼 아우또**부**스 바 알 무**쎄**오?]
이 버스, 박물관에 갑니까?

¿Cuál es la contraseña de Wi-Fi?
[꾸알 에스 라 꼰뜨라세냐 데 와이파이?]
와이파이 비밀번호가 무엇입니까?

¿Puedo tomar una foto?
[뿌**에**도 또**마**르 우나 **포**또?]
사진을 찍어도 됩니까?

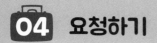

04 요청하기

🎧 MP3 W2-04

Deme esto.
[데메 에스또]
이거 주세요.

- -

Más servilletas, por favor.
[마스 세르베예따스, 뽀르 파보르]
냅킨 좀 더 주세요.

- -

La cuenta, por favor.
[라 꾸엔따, 뽀르 파보르]
계산서 부탁드립니다.

- -

¿Puedo pagar con tarjeta de crédito?
[뿌에도 빠가르 꼰 따르헤따 데 끄레디또?]
신용카드로 결제해도 됩니까?

- -

Quisiera devolver la camiseta.
[끼시에라 데볼베르 라 까미세따]
티셔츠를 환불하고 싶습니다.

- -

Al aeropuerto, por favor.
[알 아에로뿌에르또, 뽀르 파보르]
공항으로 가 주세요.

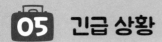
🎧 MP3 W2-05

Necesito ayuda.
[네세**씨**또 아유다]
도와주세요.

- -

¿Habla inglés o coreano?
[**아**블라 잉글레스 오 꼬레**아**노?]
영어나 한국어 할 줄 아십니까?

- -

Perdí mi celular.
[뻬르디 미 셀룰라르]
휴대전화를 잃어버렸습니다.

- -

🔵 Estoy perdido. / 🔴 Estoy perdida.
[에스또이 뻬르**디**도 / 에스또이 뻬르**디**다]
길을 잃었습니다.

- -

No me encuentro bien.
[**노** 메 엔꾸**엔**뜨로 비엔]
몸이 안 좋습니다.

- -

Me han robado.
[메 **안** 로바도]
도난을 당했습니다.